Du même auteur :
"Art dentaire, clé de la santé", éd. Retz (épuisé)

A paraître chez le même éditeur :

"La santé à pleines dents", par Bernard Montain

"Vivre ses rêves : programmez et dirigez consciemment vos rêves", par Olivier Clerc

"La Nouvelle Aromathérapie : caractérologie des essences et tempéraments humains", par Philippe Mailhebiau

Déjà paru chez le même éditeur :

"Expérimentation animale : honte et échecs de la médecine", par Hans Ruesch (éd. NPI / Civis)

31570 Vallesvilles. France

ISBN : 2 - 906956 - 05 - 8

Couverture : Marol

Bernard Montain

GROUPE SANGUIN : CLÉ DE VOTRE CARACTÈRE

Découvrez votre personnalité et orientez-vous selon votre groupe sanguin

Préface d'André Passebecq

NOUVELLES PRESSES INTERNATIONALES

PRÉFACE

Il y a une cinquantaine d'années, dans le cadre de l'Ecole d'Organisation Scientifique du Travail de Paris, je rencontrai Mme Léone Bourdel, qui poursuivait alors, depuis près de vingt ans, des études sur les corrélations entre groupes sanguins, caractère, personnalité, orientation, comportement au travail...

Les conclusions des remarquables travaux de Léone Bourdel, assistée de Jacques Genevay, ont été récemment confirmées par celles d'une équipe japonaise.

Dans mes propres recherches et observations sur plus de six mille personnes, à l'occasion d'examens professionnels ou d'études de psychosomatique naturelle, j'avais également pu apprécier l'intérêt de ces découvertes.

De son côté, Bernard Montain a pris l'initiative d'appliquer ces données sur ses patients en psychologie, naturothérapie et sophrologie. Il a été enthousiasmé, au point d'en entreprendre une synthèse dont l'intérêt actuel est indéniable.

En effet, basée sur un examen biologique facile à réaliser, l'étude du groupe sanguin représente une base scientifique incontestable. Les centaines de milliers d'observations déjà effectuées ont servi de support solide à des interrogations dont le degré de fiabilité est appréciable.

La méthode tient également compte de divers paramètres, dont l'âge de la personne. Il s'agit donc d'une étude nuancée.

Bien sûr, il faut aussi compter avec des facteurs complémentaires, en rapport avec le milieu affectif et éducationnel, avec les événements et les épreuves de l'enfance, et notamment de l'adolescence, dont l'importance est grande.

C'est justement l'examen des contradictions entre les caractéristiques générales du groupe sanguin de l'individu et le comportement de celui-ci, qui oriente vers la recherche d'anomalies dans le développement affectif, social et professionnel de cette personne.

En très peu de temps, des éléments de diagnostic et de pronostic peuvent être élaborés, qui apporteront un éclairage singulièrement fécond sur les causes des difficultés existentielles de la personne, mais aussi sur ses aptitudes, motivations et orientations préférentielles.

Bien des problèmes individuels ou de couples peuvent être ainsi plus aisément résolus. Au travail, la solution aux difficultés individuelles et la constitution harmonieuse des équipes en bénéficient amplement.

A l'échelle des grands groupes humains et des nations, des études de cet ordre apportent un éclairage souvent inattendu sur les causes des inimitiés et des conflits.

Cette étude fait parfois référence à des identités caractérielles continentales ; c'est bien entendu sans aucune connection exclusive que sont abordées les caractéristiques raciales. A l'heure où certaines personnes utilisent des données constructives pour entretenir un lamentable racisme, cette précision se devait d'être, eu égard à l'humanisme du Dr Bernard Montain.

Voilà donc un travail qui rendra d'immenses services à tous les niveaux de notre société, si nous savons en appliquer les enseignements avec tact et discrétion.

Docteur André Passebecq,
M.D. Psy. D.
chargé de cours de Naturothérapie
à la Faculté de Médecine Paris-XII

INTRODUCTION

Depuis l'Antiquité, l'humanité s'interroge sur l'origine des caractéristiques physiques et psychiques des individus. Tel trait de caractère (persévérance, tendance à la culpabilisation, instabilité...) est-il hérité de nos parents, on le dit alors "inné", ou bien provient-il de notre entourage, de notre éducation, de l'enseignement que nous avons reçu, auquel cas c'est un "acquis" ? Telles caractéristiques physiques (taille et poids par exemple) sont-elles inscrites dans notre lignée génétique et donc héréditaires, ou plutôt fonction de notre mode de vie ? Le fait que les enfants soient souvent de taille plus élevée que celle des parents est-il un effet des lois décrites par Mendel sur l'hérédité ? Ne tient-il pas plutôt à la transformation des habitudes alimentaires ? Dans les familles d'obèses, l'excès de poids provient-il d'une influence génétique ou des conditionnements alimentaires remontant à la petite enfance : "finis ce que tu as dans ton assiette" ? Les succès de la sophrologie ou de l'hypnose, si fréquents dans ce cas, pourraient alors être expliqués par le contre-conditionnement qu'elles utilisent.

Dans nos contrées et jusqu'à la fin du XVIème siècle, les aspects héréditaires du caractère et de la personne humaine prévalaient largement. Tout individu qui n'était pas "né", était considéré comme de moindre valeur. La royauté, à tous les niveaux, reposait sur les privilèges de l'hérédité, le sang "bleu", royal évidemment, mais il en allait de même dans tout le système nobiliaire : ducs, comtes, chevaliers, transmettaient leur statut de père en fils et singulièrement en fils aîné. C'est ce dernier qui recevait le titre de son père, ses frères se voyant attribuer des qualifications secondaires.

Dès le XVIIème siècle, le système héréditaire commence à être remis en cause. Le porte-drapeau de la contestation est certainement Molière , dans plusieurs de ses pièces les serviteurs apparaissent sous des traits nettement plus flatteurs que ceux de leurs maîtres. Tout comme il s'élève contre les faux dévots, les faux servants et les faux humanistes, Molière dénonce la fausse noblesse de la naissance pour ne considérer que celle de l'intelligence et du coeur.

Par la suite les philosophes du XVIIIème siècle, Voltaire, Rousseau et Diderot notamment, développent une vision d'après laquelle l'environnement et la culture marquent l'individu d'une façon indélébile. ...*Ce n'est pas une légère entreprise de démêler ce qu'il y a d'originaire et d'artificiel dans la nature actuelle de l'homme,* écrivait Rousseau en 1754 dans sa préface au *Discours sur l'origine de l'inégalité.* La Révolution française, largement inspirée par les penseurs de ce siècle, a été considérée par les historiens comme une révolution bourgeoise. Elle constituerait la revanche de la bourgeoisie industrieuse sur la classe dirigeante et souvent oisive de l'Ancien Régime. Si l'on considère la France politique et sociale de l'époque post-révolutionnaire, on ne peut qu'adhérer à cette analyse : la Révolution française serait ainsi la victoire de l'Acquis sur l'Inné, de l'intelligence et du travail sur le privilège de la naissance au sein d'une famille noble.

Au cours du XIXème siècle, le fléau de la balance s'oriente de plus en plus vers l'acquis, aidé notamment en cela par des penseurs comme Fourier et son *socialisme utopique,* ou Marx dont les analyses et conclusions extrémistes ont été le levain des bouleversements que nous connaissons.

Depuis le milieu du XXème siècle, on admet généralement que l'être humain dépend aussi bien de son hérédité que de son environnement (mode de vie, enseignement, religion, conditions et traditions familiales) sans pouvoir déterminer pour autant l'importance relative de l'une et de l'autre, qui varient de toute évidence d'un individu à l'autre. Notre tempérament influence profondément notre relation avec le monde physique (confort, température, bruit...) et psychique (famille, relations de travail, amitiés, amours). Nous allons voir qu'il est en grande partie conditionné par notre appartenance à un groupe sanguin.

L'existence de cette relation avait été soupçonnée par de nombreux observateurs depuis fort longtemps : on en retrouve des traces jusque dans la civilisation de la Chine ancienne. Elle a été confirmée statistiquement par les études d'une psychologue française, Léone Bourdel, qui y consacra vingt-six années de sa vie, de 1940 jusqu'à sa mort, en 1966. Les découvertes de cette grande dame représentent une remarquable base de données pour tous ceux et celles qui cherchent à se comprendre et à comprendre les autres pour les aider, les conseiller, les orienter dans leurs études, leur profession, leur santé, leurs amitiés, leurs amours... En ce qui me concerne, la psychobiologie, corrélation entre le tempérament et le groupe sanguin, représente depuis longtemps une aide précieuse pour mes activités dans les domaines de la psychologie et de la santé.

Il faut savoir gré à Léone Bourdel d'avoir structuré de façon scientifique la psychobiologie. L'approche de la personnalité par le groupe sanguin permet une meilleure connaissance des êtres humains, notamment de ceux qui nous sont chers (à commencer par nous-mêmes !) Elle facilite l'orientation scolaire et professionnelle depuis l'enfance jusqu'à l'âge adulte. Elle permet de mieux comprendre les relations de couple, leur terrain d'entente et leurs difficultés potentielles. Elle favorise la recherche de "l'âme-soeur" (si tant est qu'elle existe !) grâce à la connaissance des complémentarités entre les êtres humains. Grâce à cette théorie, au niveau professionnel, les équipes de travail peuvent être organisées au mieux de l'harmonie et du rendement.

Les entreprises auront le plus grand intérêt à s'en inspirer pour favoriser l'entente à tous les niveaux et obtenir des bilans de fin d'année satisfaisants. Ceci se fait d'ailleurs déjà au Japon où de nombreuses offres d'emploi sont assorties de l'exigence de tel ou tel groupe sanguin. Enfin, en rendant possible la prévention des maladies particulières à chaque groupe, l'étude des tempéraments sanguins permettra à chacun une meilleure gestion de sa santé. Je terminerai cette introduction sur la mise en garde suivante : la psychobiologie n'est pas une science, la médecine non plus d'ailleurs. Aussi faut-il aborder l'étude des tempéraments sanguins avec un sens de la nuance ; les astrologues disent volontiers que les astres influencent mais ne déterminent point, et de manière analogue l'appartenance à tel groupe sanguin *prédispose* l'individu à certains comportements ou traits de caractère mais ne l'y condamnent pas. Une application dogmatique des données présentées ici, tel que cela se fait déjà parfois au Japon, comme je l'ai dit ci-dessus, est contraire à l'esprit de la psychobiologie qui a horreur du réductionnisme ! D'ailleurs si vous tombez dans le dogmatisme, cela prouve que vous êtes de groupe sanguin... je plaisante ! Le sang, c'est la vie qui circule : ne coagulez pas les types sanguins.

I

HISTORIQUE

L'idée qu'il puisse y avoir une corrélation entre tempérament et groupe sanguin ne date pas d'hier. Dans la Chine ancienne, on mettait en présence les sangs des futurs mariés pour en observer la réaction. Si le mélange précipitait, c'est-à-dire s'il se formait rapidement une matière molle ressemblant à un caillot, on considérait qu'il y avait incompatibilité d'humeur et le mariage ne se faisait pas.

Dans le *Littré* au mot *humeur,* on trouve deux acceptions différentes :

a) Toute substance liquide ou semi-liquide qui se trouve dans un corps organisé ;

b) Disposition du tempérament ou de l'esprit soit naturelle, soit accidentelle.

On constate ainsi que l'ancienne Chine, dans sa grande sagesse, avait assimilé ces deux significations. L'incompatibilité d'humeur (dans le sens de contradiction sanguine) contre-indiquait le mariage qui risquait d'aboutir, s'il avait lieu malgré tout, à une incompatibilité d'humeur psychologique qui, elle, finirait par le détruire !

L'hypothèse de l'existence de plusieurs sortes de sangs différents échappa ensuite à l'humanité pendant des siècles. Des transfusions sanguines furent tentées entre l'homme et l'animal avec les résultats catastrophiques que l'on imagine ! D'autres transfusions furent réalisées entre deux êtres humains. Elles furent parfois couronnées de succès, permettant de sauver des vies, mais elles se traduisirent également parfois par des échecs inexplicables, entraînant la mort du receveur. Il fallut attendre le début de ce siècle pour que l'intervention puisse se faire sans danger de mort ou presque.

Ce fut Landsteiner qui découvrit l'existence des quatre groupes sanguins, départageant ainsi l'humanité en quatre catégories distinctes complètement indépendantes de la couleur de la peau, du sexe et de l'âge. Il s'agit des groupes : A, 0, B et AB. Les transfusions purent alors se faire avec succès à condition de suivre rigoureusement le schéma de Landsteiner figurant ci-dessous.

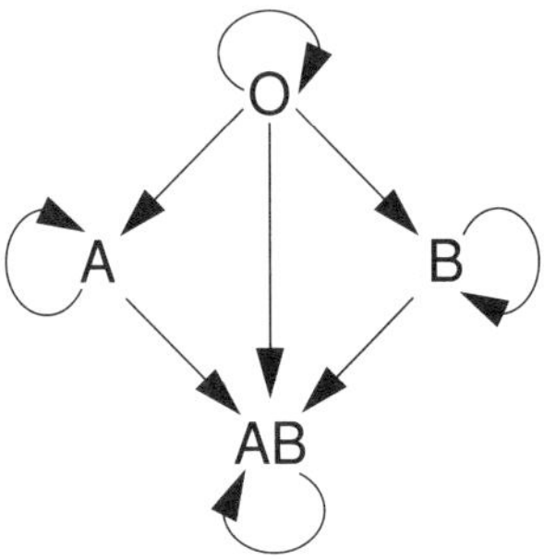

De ce schéma, ressortent les conclusions suivantes :

Compatibilités et incompatibilités

a) Deux individus de même groupe sanguin peuvent donner ou recevoir du sang l'un de l'autre :

A et A,
B et B,
0 et 0,
AB et AB.

b) Le groupe 0 (zéro), appelé *Donneur Universel,* peut seul donner son sang à tous les autres groupes sanguins, mais il ne peut recevoir que du sang 0.

c) Le groupe AB, dit *Receveur Universel,* peut admettre, en plus de son propre groupe et du groupe 0, du sang des groupes A et B, mais il ne peut en aucun cas leur en donner.

d) Les groupes A et B sont totalement incompatibles.

Indépendamment des quatre groupes principaux existent trois sous-groupes déterminés par les facteurs M et N ainsi que par le facteur rhésus. Ce dernier fut également découvert par Landsteiner, en collaboration cette fois avec un autre biologiste, Wiener, en 1940. Nous ne nous attarderons pas sur ces facteurs.

Au début du XXème siècle, la notion de corrélation entre le tempérament et le groupe sanguin n'était pas encore réapparue depuis l'ancienne Chine. C'est le Dr Paul Carton qui, au début des années vingt, la redécouvrit. Pour ce génial chercheur, initiateur de la conception globale de l'individu qu'on appelle aujourd'hui *holistique,* cette corrélation entrait dans le cadre de la plus pure médecine hippocratique. Il s'agissait pour lui de connaître parfaitement l'être humain avant d'intervenir. La prise en compte de l'individu tout entier, psychique et physique, était ainsi redevenue la règle. Carton envisagea seulement l'existence de relations entre tempéraments et groupes sanguins, notamment en correspondance avec la classification en lymphatique, sanguin, nerveux et bilieux. L'idée d'une corrélation fit ainsi son chemin et influença d'autres chercheurs pour des motifs très variés.

Le Japonais Takeji Furukawa, qui s'intéressait uniquement aux relations *groupes sanguins - activité,* soumit à l'expérience 309 personnes. En 1931, il publia un article où il arrivait à la conclusion que les groupes sanguins 0 et B étaient actifs tandis que les groupes A et AB étaient non actifs. Jusqu'à la seconde guerre mondiale, de nombreux chercheurs, Boyd aux Pays-Bas, Martial et Dujarric de la Rivière en France, Gobber en Allemagne, Schaer en Suisse travaillèrent sur les corrélations entre groupe sanguin et tempérament, avec des conclusions généralement similaires. Mais il fallut attendre Léone Bourdel (1907-1966) pour bénéficier d'une étude systématique, portant sur plusieurs centaines de cas et reposant sur des tests de personnalité. Ces tests, destinés à la sélection et l'orientation professionnelle, étaient basés non seulement sur les aptitudes mais également sur le caractère du sujet. Cette idée était complètement novatrice à l'époque. Par la suite d'autres chercheurs se sont intéressés à ces relations : l'Américain Cattel et le Suisse Maurer-Groeli dont les recherches ont débouché sur des conclusions voisines de celles de Léone Bourdel.

Citons enfin deux chercheurs fortement inspirés par Léone Bourdel : son fils Richard-Olivier Guidez d'une part, et son élève Jean-Charles Gille-Maisani d'autre part.

II

LES DÉCOUVERTES DE LÉONE BOURDEL

* Le tempérament

Au mot *tempérament,* on peut lire dans le *Littré* : *constitution physique du corps humain ou, en langage technique, résultat général pour l'organisme de la prédominance d'action d'un organe ou d'un système. "Tempérament bilieux, tempérament sanguin, tempérament lymphatique, tempérament nerveux".*

Pour Léone Bourdel il s'agit de *la prédisposition profonde et essentielle qui détermine l'adaptation d'un être à la vie et qui, par là, conditionne la mise en jeu ou en sommeil de toutes ses facultés en fonction du milieu dans lequel il se trouve.*

Nous considérons pour notre part le tempérament comme l'énergie coordinatrice, "l'impresario" des fonctions vitales et corporelles, particulièrement dans la relation du sujet avec le monde environnant. Il représente notre unité intérieure, psychosomatique : c'est l'ensemble de notre personnalité, tant au plan physique que psychique, en relation avec le monde extérieur. Le tempérament intervient dans notre façon de recevoir les informations en provenance du dehors, de les analyser et de les vivre soit avec intérêt, joie et plaisir, soit au contraire dans l'indifférence, la jalousie ou le sentiment d'être agressé.

Le tempérament apparaît également dans nos facultés créatrices, dans l'expression de nos sentiments ou de nos idées, notre empreinte sur les êtres et les choses environnantes. Il influe jusqu'à un certain point sur le rayonnement, le charisme que peut dégager un être, quoique celui-ci soit davantage fonction du caractère que du tempérament.

Rappelons que le tempérament résulte de l'inné, des données de base inaltérables, telles que sexe, type sanguin, etc, alors que le caractère est le produit de l'acquis, dû à l'éducation et aux diverses influences extérieures agissant sur la nature brute, pour la polir, en arrondir les angles, ainsi qu'aux efforts sur soi-même pour maîtriser les situations et les difficultés qui se présentent à tous les niveaux de l'existence. Tout dépassement du tempérament de base fait partie du caractère ; par exemple, le courage acquis par les efforts d'un individu de tempérament poltron est un trait de caractère. Le caractère agit sur le milieu environnant ainsi que sur la nature intérieure individuelle, et s'efforce de les transformer.

Pour en revenir au tempérament, celui-ci intervient dans la mise en œuvre ou la mise au repos de nombreuses aptitudes et tendances de l'être humain selon un processus caractéristique tout au long de son existence. Lui-même sera influencé et modifié principalement par trois facteurs : le tempérament parental, l'âge et le milieu.

Tout comme nous sommes à la naissance homme ou femme, occidental ou oriental, brun ou blond, grand ou petit (pour combien de temps encore, avec les développements de la génétique ?...), nous appartenons à un groupe sanguin déterminé. Cette appartenance va profondément marquer notre être au monde, notre présence parmi les autres. Il en va exactement de même que pour les cellules dont sont constitués nos organes et, en définitive, notre corps tout entier, chacune des cellules étant en contact intime avec le sang.

Ce tempérament dont nous possédons les bases : sexe, groupe sanguin, etc, à la naissance, et que nous conserverons jusqu'à notre mort, influence et se révèle dans notre comportement envers les êtres et les choses qui nous entourent.

* Le classement musicologique de Léone Bourdel

L'un des grands mérites de Léone Bourdel est d'avoir découvert ses tempéraments psychobiologiques de façon expérimentale en observant les réactions de ses sujets à des tests musicaux. En effet, on distingue classiquement en musique la *mélodie,* le *rythme* et l'*harmonie.* Or Léone Bourdel a pu répartir ses sujets en quatre groupes, selon qu'ils manifestaient plus de réceptivité à la mélodie, au rythme, à l'harmonie, ou aux trois à la fois : à chacun de ces groupes correspondait un tempérament spécifique qu'elle a décrit. Elle a ensuite établi la corrélation avec les groupes sanguins, mettant en évidence une prédisposition héréditaire pour chaque groupe sanguin à posséder les caractéristiques propres à tel tempérament.

Ainsi, selon ses recherches, les sujets du groupe A manifestent un goût permanent pour la recherche d'accords et d'harmonie. Ils dédaignent volontiers le rythme et la mélodie pour n'apprécier et ne jouir totalement que de l'audition des passages les plus harmoniques. Si le rythme ou la mélodie viennent structurer ou annoncer l'harmonie, les sujets du groupe A les acceptent, voire les désirent. Au contraire si ces deux éléments en viennent à perturber l'harmonie, les A les rejettent catégoriquement.

Dans leur comportement quotidien les sujets du groupe A réagissent de la même façon. Ils sont en permanence à la recherche d'harmonie avec leur entourage, d'accords affectifs avec leur environnement et ne s'épanouissent qu'à cette condition. Lorsqu'elle n'est pas remplie, ils se ferment comme une huître, se replient sur eux-mêmes ou s'en vont. Des trois groupes sanguins, ce sont les êtres les plus sensibles au milieu extérieur, les plus influençables. Ils entrent constamment en résonance avec les êtres et les choses de leur milieu, un peu comme une harpe éolienne soumise au souffle des vents. Si les contacts ne sont pas positifs, ils trouvent leur salut dans le repli sur soi, la révolte ou la fuite. Pour toutes ces raisons, **les sujets du groupe A sont appelés par Léone Bourdel *Harmoniques.***

Il existe une autre catégorie d'individus qui, eux, sont constamment "en phase" avec le milieu extérieur. Ils en suivent l'évolution, s'y adaptent et s'y expriment. Ils savent aplanir les difficultés pour vivre leur vie à l'instar d'une mélodie qui se déroule sans heurt. Parmi les trois composantes musicales énoncées ci-dessus, la mélodie emporte leur adhésion ; c'est la raison pour laquelle **ces personnes, appartenant au groupe sanguin 0, ont été appelées *Mélodiques*.**

D'autres individus sont particulièrement peu sensibles au milieu. Relativement indifférents aux variations de leur environnement, ils continuent de s'exprimer et de vivre selon leur propre rythme, conservant un comportement toujours identique, comme si le milieu n'existait pas. S'ils paraissent si peu sensibles aux changements intervenant dans leur environnement, c'est que leur personnalité est profonde mais fragile, et qu'ils ont besoin de cette carapace pour fonctionner convenablement. Dans les tests musicaux **ces personnes, appartenant au groupe B, sont plus attirées par le rythme que par les autres composantes musicales. On les a appelées *Rythmiques*.**

Le dernier groupe sanguin, le groupe AB, est composé d'individus dits *Complexes*, souvent très attirés par la musique, dans laquelle ils cherchent une réponse à leur problématique et un facteur d'équilibre psychique. Les sujets Complexes réunissent les traits contradictoires des trois autres tempéraments Harmoniques, Mélodiques et Rythmiques. Ils réagissent au milieu tantôt en Harmoniques, tantôt en Mélodiques, tantôt en Rythmiques, ce qui leur permet difficilement de trouver un équilibre satisfaisant. Lors des tests musicaux, ils apprécient aussi bien le rythme, qui favorise l'activité, la mélodie, qui favorise l'adaptation, et l'harmonie, porteuse de sensibilité.

Ce classement des tempéraments acquiert une plus grande souplesse si l'on y intègre l'âge et le milieu dans lequel naît et évolue l'individu. Par exemple, si l'Harmonique se développe dans un milieu favorable, il peut s'ouvrir à celui-ci et devenir *Harmonique-Mélodique* sans perdre sa sensibilité. Au contraire, en se raidissant avec l'âge, il peut devenir *Harmonique-Rythmique,* abandonnant peu à peu son adaptabilité pour agir progressivement en fonction de son rythme propre. Encore une fois, la psychobiologie n'est pas un descriptif figé de la personnalité. Elle permet de comprendre comment un individu donné va se structurer et réagir vis-à-vis d'un milieu en développant telles tendances et aptitudes ou en bloquant telles autres. Elle permet de saisir et de favoriser la relation et l'épanouissement de notre être au monde.

* Les trois fonctions tempéramentales

En tout être humain les trois fonctions tempéramentales existent simultanément sur des plans différents, avec une influence variable :

- l'Harmonique, qui permet l'élaboration et le renouvellement, c'est-à-dire les fonctions créatrices et diversificatrices ;
- la Mélodique, qui permet d'être constamment en phase avec le milieu dans lequel on se trouve, c'est-à-dire qui influence et peut être influencée à son tour : fonction d'adaptation et d'échange avec l'environnement ;
- la Rythmique, fonction structurante qui permet le passage à l'acte, l'efficacité.

Nous verrons plus loin comment ces trois éléments se développent et interagissent chronologiquement tout au long de la vie.

La fonction Harmonique apparaît la première et prédomine tant que la maturité n'est pas atteinte. Elle assure une certaine symbiose de l'individu avec son environnement socio-naturel, jusqu'à ce que se forme et s'affirme sa propre personnalité. La fonction Harmonique assure donc, en maintenant une certaine harmonie de la personnalité, l'évolution propre à chaque individu. Elle favorise la création et la persévérance dans l'être propre, ou dans l'entité environnementale pouvant être assimilée à celui-ci : famille, groupe ethnique, groupe humain de même culture, etc. La fonction

Harmonique engendre une compréhension synthétique, globale, du monde et de la vie, s'exprimant sur tous les modes artistiques (peinture, architecture, dessin). Elle trouve son expression idéale dans le symbole. A la fonction Harmonique correspond le monde intérieur, celui des accords affectifs, de l'intimité, des résonances avec les êtres et les choses, du dépassement de soi (l'Harmonique fait passer le tout avant la partie, le groupe avant l'individu).

La fonction Mélodique correspond à la relation et à l'adaptation permanentes de l'ensemble somato-psychique avec l'environnement. Elle favorise l'équilibre entre les fonctions Harmoniques et Rythmiques, c'est-à-dire entre les fonctions privilégiant l'être profond et la sensibilité, et les fonctions d'action et d'efficacité. La fonction Mélodique, toujours pragmatique, permet à l'individu de savoir tirer parti du contexte où il se trouve pour s'y exprimer comme il le souhaite ; elle assure le développement des échanges, l'assimilation par le discours et la langue. Elle permet un passage permanent du concret à l'abstrait et réciproquement.

La fonction Rythmique concerne principalement l'organisation interne. Elle favorise la continuité de l'action grâce à laquelle l'organisme se prépare et se structure profondément afin de pouvoir agir. Elle apporte la constance et l'autonomie, l'indépendance : elle garantit la stabilité. Elle est plus tournée vers la connaissance mathématique que vers la connaissance intuitive (caractéristique du groupe A et considérée par le philosophe Spinoza comme le mode de connaissance supérieur). A la fonction Rythmique, qui favorise l'abstraction et l'analyse, correspond une pensée plus scientifique que symbolique.

Les travaux de Léone Bourdel montrent que ces trois fonctions sont, à des degrés variables, présentes chez tous les êtres humains qui les mettent perpétuellement en œuvre. Face au milieu externe, l'organisme fait sélectivement appel plutôt à l'une qu'à l'autre en fonction de son groupe sanguin, de son âge et de sa culture.

III

INTRODUCTION AUX CARACTÉRISTIQUES PSYCHOBIOLOGIQUES PROPRES AUX QUATRE GROUPES SANGUINS

Les découvertes de Léone Bourdel reposent sur des milliers de tests psychologiques concernant les différents éléments de la personnalité. D'autres batteries de tests ont été réalisées dans le monde entier, aussi bien pour l'orientation scolaire que la sélection professionnelle (tests d'embauche) ou encore pour la constitution d'équipes de travail au sein des entreprises, comme cela m'est arrivé personnellement.

S'il est certain que les données de base, comme la nature sexuelle, sont des facteurs innés primordiaux dans la détermination du tempérament individuel, il s'y ajoute et s'y combine le facteur du groupe sanguin, qui est propre à modifier dans une certaine mesure un caractère commun (même sexe, par exemple, mais appartenance à des groupes sanguins différents), et à atténuer quelque peu des dissemblances pour rapprocher les individus de même groupe.

Toutefois l'influence sur le caractère, c'est-à-dire sur les modifications apportées par l'individu dans ses efforts pour surmonter des situations difficiles, dans ses rapports avec l'environnement naturel et social, et la réponse qu'il aura tendance à apporter à celui-ci, découle davantage des facteurs culturel, éducationnel et sexuel que sanguin. Le tempérament, le terrain en quelque sorte, est signé par ces différents facteurs ; il constitue la donnée naturelle de base, innée, propre à être modifiée par l'acquis, le caractère, et à orienter ce dernier. Le tempérament tend à colorer de certaines nuances le mode de vie et d'action sans le déterminer. Dans une situation donnée, le décès d'un être cher, par exemple, la réaction de l'individu sera fort différente selon qu'il s'agira d'un occidental ou d'un oriental. Le facteur sanguin viendra ensuite affiner, par une tendance spécifique, le comportement fondamental de l'être humain.

N'oublions surtout pas que les quatre groupes sanguins sont plus complémentaires qu'opposés et surtout que les fonctions correspondant à chacun d'eux existent et se manifestent chez chacun d'entre nous. Comme quoi, quel que soit son groupe, l'important est surtout de garder son sang froid !

Les descriptions suivantes des quatre groupes sanguins correspondent à des types "purs" que l'on rencontre rarement dans la réalité ; elles ont pour but de dégager les aspects spécifiques de chacun de ces tempéraments que l'on retrouve de façon plus ou moins prononcée chez les individus du groupe sanguin correspondant.

A

IV. L'HARMONIQUE
(groupe sanguin A)

L'Harmonique est avant tout un être introverti, à forte vie intérieure, dont l'activité affective et psychique est tournée vers le dedans plus que vers le dehors. Dans son ouvrage *Types psychologiques,* C.G. Jung reprend les travaux de Jordan sur la femme introvertie : *manières tranquilles, caractère peu facile à saisir, à l'occasion critique, même sarcastique...* Plus loin, il continue : *elle répand le calme autour d'elle, console et guérit inconsciemment. Sous cette apparence, pourtant, sommeillent affects et passions.* Toujours d'après lui, *elle sait haïr comme aimer sans limite. Elle sait être entêtée, coléreuse, jalouse.*

Quant à l'homme introverti, *il ne change pas d'heure en heure ses divertissements, et son amour d'un plaisir est véritable... s'il occupe une situation publique, c'est en vertu d'une aptitude déterminée, à moins qu'il n'ait dans l'esprit le désir d'accomplir quelque chose.*

Une des caractéristiques du groupe des Harmoniques est qu'on y trouve plus de diversité que chez les Rythmiques et, dans une moindre mesure, que chez les Mélodiques. L'Harmonique est plutôt réservé, et s'il se trouve au premier plan, c'est qu'il y a été poussé par son entourage. Il sait donner sa confiance à autrui et, dans la vie publique, préfère voir ses options gagner, défendues par quelqu'un d'autre, plutôt que perdre quand elles sont défendues par lui-même. Le sujet Harmonique apparaît fréquemment comme inhibé, c'est-à-dire freiné dans son activité, pour les réponses tant physiques que psychiques qu'il apporte aux sollicitations du milieu environnant. Il est cependant capable de se libérer de son inhibition en explosant littéralement. C'est un être qui, dans la pratique, peut accumuler pendant très longtemps du ressentiment, provoqué par un sentiment d'injustice, de méchanceté, de jalousie ou d'intolérance à son égard... A l'occasion d'un phénomène de saturation, la goutte d'eau fait déborder le vase, la colère éclate, il explose. C'est le fameux "coup de pied de la mule du Pape", décrit par Alphonse Daudet dans l'un de ses contes.

L'individu appartenant au groupe sanguin A n'est actif que **de façon discontinue** et à certaines conditions. Il est en effet capable de se donner complètement à sa tâche, de s'identifier parfaitement à elle et d'être un professionnel incomparable de méthode, de sérieux et d'efficacité. Par contre si l'activité est trop monotone et insuffisamment gratifiante, ou encore si le milieu devient défavorable, il est capable de ne rien faire au sens le plus strict du terme, faisant alors preuve de la nonchalance la plus totale.

Il a le sens du remords et particulièrement du remords persistant : il est capable de se questionner longuement pour savoir si ses actions ont été menées comme elles devaient l'être. Il aime s'exprimer, plus pour communiquer ses sentiments ou ses impressions que simplement pour entrer en relation avec autrui, comme c'est le cas du Mélodique qui, lui, aime parler pour parler. L'Harmonique a un sens aigu des responsabilités, ne les fuit que rarement et, au contraire, se met volontiers en avant pour prendre en charge le résultat de ses actes. Il est très sensible à l'environnement auquel il ne s'adapte malheureusement pas toujours comme il le voudrait. Il est très influencé par la critique et a donc grand besoin de confiance en l'équipe qui l'entoure et en la hiérarchie qui le domine.

Il redoute les manigances et se trouve plutôt inhibé par la concurrence que stimulé par elle, comme c'est le cas pour le groupe 0. S'il passe souvent pour pessimiste, il n'en est rien. Son optimisme fondamental resurgit dans les moments les plus critiques.

* L'enfant Harmonique

L'enfant du groupe A connaît une réussite scolaire très variable. Elle dépend essentiellement de son instituteur, des professeurs ainsi que des matières enseignées. Si l'enseignant lui convient et que le courant passe bien entre eux, il pourra réussir brillamment aussi bien au niveau primaire que secondaire. La principale tâche des éducateurs consistera à faire aimer à l'enfant Harmonique ce qu'ils souhaitent lui enseigner, ce qui sera d'autant plus facile si celui-ci aime son professeur. C'est tellement vrai que pour une matière qu'il affectionne et où il réussit, l'enfant A risque de s'en détourner et d'échouer en cas de changement d'enseignant et de mésentente avec un nouveau professeur. L'inverse se vérifie également ; dans une matière où l'enfant Harmonique ne brille pas, un enseignant qui sait se faire aimer et faire apprécier sa spécialité permettra à l'enfant de groupe A de progresser jusqu'à devenir l'un des meilleurs.

Les enseignants et les parents devront également tenir compte de la difficulté d'adaptation de l'enfant Harmonique. Il faudra lui laisser le temps de se familiariser avec la nouveauté, une activité récente, une ambiance inhabituelle, car son attention n'entre en jeu que lorsque son affectivité est apaisée. Il ne supporte pas la brusquerie, et il faut respecter la lenteur de sa mise en train et l'inégalité de ses performances. Si l'enfant Harmonique paraît parfois absent, il ne faut pas s'y tromper, c'est qu'il est en train de vivre intensément ce qu'il perçoit et de s'harmoniser avec de nouvelles données. Il est en train de retenir, de stocker ces nouveautés qu'il contemple, qu'il vit profondément. Son silence est rempli de cette méditation et il ne devrait être perturbé à aucun prix.

L'enfant ou l'étudiant Harmonique assimile mieux les matières enseignées si elles sont prolongées par un apprentissage personnel, des travaux pratiques et une expérimentation individuelle. L'enseignement abstrait et le travail collectif le rebutent sauf s'il s'agit d'une activité en duo, avec un ami partageant les mêmes intérêts. Il préférera toujours les devoirs aux leçons.

Etant très inégal dans ses activités et ses succès, un Harmonique se retrouvera en tête ou en queue du peloton selon que l'ambiance lui conviendra ou non. Les élèves de groupe A s'orientent vers un baccalauréat littéraire plutôt que scientifique puis se dirigent vers les Facultés plutôt que les grandes Ecoles.

* Vie professionnelle

Les types A, Harmoniques, sont attirés plutôt par les activités de création et de recherche, aussi bien dans les arts, la littérature que la technique et les sciences. Dans leur pratique professionnelle comme dans leur activité scolaire, le rythme est irrégulier. L'Harmonique obéira aux directives d'un supérieur hiérarchique à condition qu'il ait de l'estime pour lui car il a besoin aussi bien d'autorité que de confiance. Les directives devront être données avec tact et mesure. L'adaptation à une tâche nouvelle sera généralement longue et difficile mais il saura aller directement à l'essentiel, s'organiser de façon autonome et parfaitement adaptée au but à atteindre. S'il se trouve dans un environnement professionnel favorable, il se révélera l'un des plus créateurs des groupes sanguins (avec le AB).

* Influence de l'environnement psychobiologique : les tempéraments différenciés

Très riche en potentialités, le tempérament Harmonique est particulièrement influencé par son environnement. Si, dès sa plus tendre enfance, il croît dans un milieu favorable, il évoluera harmonieusement. Il développera alors ses facultés d'adaptation, pouvant devenir ce que nous appellerons un *Harmonique-Mélodique,* possédant à la fois le charisme, ou rayonnement moral, et les facultés créatrices. Il s'agit souvent d'un enfant de sang A dont la mère est Mélodique.

Si, au contraire, son organisme est faible ou que le milieu ne lui soit pas favorable, sa flamme Harmonique décroît, il s'adapte par obligation : il devient un raté, un râleur déçu par la vie.

Si l'environnement est négatif mais que la personnalité et l'organisme sont résistants, l'Harmonique fera face à l'obstacle en appelant ses fonctions Rythmiques à la rescousse ; on aura alors affaire à un tempérament *Harmonique-Rythmique.* Le sujet de cette catégorie préserve sa sensibilité, son émotivité, son sens des responsabilités et de l'accomplissement personnel sous un véritable blindage de défense. Son comportement autoritaire, caractéristique du sang B, est atténué par la sensibilité sous-jacente due à son groupe sanguin A. C'est dans cette catégorie que l'on trouvera les manieurs d'hommes les plus audacieux, les pionniers, les avant-gardistes prophétiques. Les *Harmoniques-Rythmiques* ont souvent deux visages : un comportement Harmonique dans leur intimité et Rythmique dans leur activité professionnelle. Ils peuvent être sensibles et poètes en famille, inflexibles et autoritaires au bureau ou à l'atelier.

* Distractions et loisirs Harmoniques

Dans sa vie privée, dans ses loisirs et ses activités ludiques ou sportives, l'Harmonique se comporte comme dans sa vie scolaire et professionnelle. Il lui faut se sentir en confiance pour s'essayer à toute activité physique (sport), intellectuelle ou artistique : échecs ou musique par exemple. Il sera beaucoup plus attiré par les sports individuels (tennis, escrime, alpinisme, marche) plutôt que par des sports collectifs comme le football ou le rugby. Il ne s'intégrera à une équipe sportive que s'il y est attiré par un ami qui sera parfois obligé de le pousser quelque peu.

Ses week-ends de repos, il les passera seul ou avec un petit nombre d'amis. A cette occasion, il appréciera la fréquentation de sites où la nature découvre ses beautés : montagne ou mer. Il sera alors capable de tenir des conversations approfondies sur tel ou tel sujet qui lui tient à cœur. Il fréquente souvent les salles de concert, mais la pratique d'un instrument lui est encore plus bénéfique car elle l'amène à se structurer tout en favorisant l'épanouissement d'une sensibilité toujours omniprésente.

* La santé des Harmoniques : maladies les plus fréquentes des sujets de sang A

Il y a déjà longtemps que la corrélation entre graves problèmes psychologiques et cancer a été démontrée. Dans la pratique quotidienne il se confirme que lorsqu'il y a apparition de cancer, on peut être sûr qu'un choc psychique important est intervenu entre six et vingt-quatre mois avant l'apparition de la tumeur. Tout naturellement la maladie cancéreuse est donc nettement plus fréquente chez les Harmoniques que chez les autres groupes sanguins. Chez les sujets appartenant à ce groupe, elle se localise significativement au niveau de l'estomac ; la *vox populi* dit bien : "cela m'est resté sur l'estomac !" Ceci a été démontré par une statistique portant sur 3.500 malades, effectuée par AIRD en 1953. Le cancer serait même situé électivement dans les régions du pylore et du cardia, à l'entrée et la sortie de l'estomac. Toujours dans le domaine de la pathologie gastro-intestinale, les tumeurs des glandes salivaires sont deux à trois fois plus nombreuses chez les A ; il en est de même pour le cancer du rectum.

D'autres localisations cancéreuses sont plus fréquentes chez les A, il s'agit des cancers de l'utérus et des ovaires

(30 % de plus). Une étude allemande parue en 1968 et portant sur des sujets âgés de plus de 75 ans confirme que les A sont plus nombreux à être hospitalisés. Les Mélodiques (groupe 0) auraient 60 % de chance de plus que les A de dépasser 75 ans.

* Expression artistique du tempérament Harmonique

1. En musique :

- Frédéric Chopin

Ce musicien est représentatif des compositeurs Harmoniques. Il est d'ailleurs significatif qu'il n'ait composé que pour le piano (avec orchestre pour les deux concertos), instrument Harmonique par excellence, dont il a su admirablement exploiter la richesse de sonorités avec une sensibilité toute Harmonique.

- Wolfgang Amadeus Mozart

L'extrême sensibilité, la recherche de la beauté, l'admirable humanisme de Mozart rappellent d'emblée les caractéristiques du groupe sanguin A. Ce sont la tendresse, l'affectivité et l'émotion se dégageant de son œuvre qui ont fort heureusement fait ressortir ce compositeur de l'oubli dans lequel il était tombé il y a environ un siècle et demi. Il aura fallu, en effet, attendre les années cinquante pour que W. A. Mozart retrouve sa place parmi les plus grands compositeurs classiques.

On retrouve les caractéristiques tempéramentales Harmoniques dans sa musique sacrée, les messes et le fameux *Requiem,* bien que les deux derniers mouvements de celui-ci aient été achevés par l'un de ses élèves. On identifie également ce caractère dans ses émouvantes pages en tonalité de Sol et dans ses concertos pour piano. On les reconnaît enfin dans son œuvre maçonnique comme la *Musique funèbre maçonnique* et certains passages de la *Flûte enchantée.*

Mais la musique mozartienne révèle d'autres tendances caractérisées par l'amour de la vie et celui de la communication : il s'agit là de qualités spécifiquement Mélodiques (groupe sanguin 0). Ces dispositions sont facilement repérables dans ses opéras *Così fan tutte,* la majeure partie de la *Flûte enchantée* et surtout *Don Giovanni.* Le personnage central de ce dernier opéra, avec lequel s'identifie le librettiste de l'œuvre, Da Ponte, (et, certainement, l'auteur de la musique) fait preuve d'une soif de relations (surtout sexuelles) qui intéressèrent particulièrement Mozart. Ceci explique certainement le choix du livret.

Cette double caractéristique de la composition mozartienne permet de classer son auteur parmi les sujets *Harmoniques-Mélodiques.*

- Ludwig van Beethoven, Richard Wagner et Hector Berlioz sont, quant à eux, des compositeurs *Harmoniques-Rythmiques.*

2. En peinture :

Fra Angelico, Le Greco, Vermeer, Rembrandt, Manet, Monet, Sisley sont, parmi d'autres, des peintres typiquement Harmoniques. Léonard de Vinci est plutôt *Harmonique-Mélodique.*

3. En sculpture :

- La sculpture grecque antique représente le plus pur style Harmonique par sa beauté sobre et épurée et son intensité spirituelle intériorisée.
- Michel-Ange et Rodin évoquent dans leurs œuvres le tempérament Harmonique.

4. En architecture :

L'Acropole d'Athènes, les églises romanes, dont Vézelay est un des meilleurs exemples (si l'on excepte la façade restaurée), le premier gothique comme la Sainte Chapelle de Paris, manifestent sans conteste le tempérament Harmonique.

5. En poésie et littérature :

Dante est un poète Harmonique. Pascal, Racine, sont des écrivains relevant du même tempérament ; le classicisme français (en littérature et en architecture) est d'ailleurs dans son ensemble de tendance Harmonique, Corneille étant plutôt *Harmonique-Rythmique* et Molière *Harmonique-Mélodique.*

Le Misanthrope de Molière est un personnage de tendance *Harmonique-Rythmique,* idéaliste, droit, sensible, mais rigide et autoritaire, tandis que la femme qu'il aime, Célimène, est de tempérament Mélodique.

6. En art cinématographique :

Dans le film français *Le Grand Bleu* de Luc Besson, le personnage de Jacques Mayol, plongeur en apnée (interprété par Jean-Marc Barr), correspond à la description d'un individu de tempérament Harmonique. C'est en effet un personnage profondément introverti qui pratique la méditation, et dont la principale activité, la plongée en apnée à des profondeurs records, apparaît comme une transposition dans le monde réel de sa quête intérieure, des plongées qu'il effectue en lui-même. On ressent très bien ses difficultés d'adaptation au monde ainsi que le besoin d'harmonie avec l'entourage - il subit les événements plus qu'il ne les dirige ni s'y oppose ; on retrouve également chez lui une tendance à la solitude très caractéristique des Harmoniques.

Il ne s'agit bien sûr que d'un exemple : les individus de sang A ont chacun leur façon de vivre et d'exprimer leur tempérament Harmonique, de façon plus ou moins prononcée.

* Groupe sanguin A et graphologie

1. L'écriture Harmonique présente un trait libre, rythmé, inégal, vivant ;

2. elle est sobre avec tendance à la simplification ;

3. elle fait preuve de sens esthétique ;

4. elle est souvent combinée dans le sens vertical avec, par exemple, des liaisons de tête en pied ;
5. elle respecte les marges ;
6. elle est exempte d'excès.

* Exemple : le cas de Florence, née en 1963, groupe sanguin A

Florence a vécu une enfance marquée par les difficultés du couple parental. Elle est la cadette d'une famille de trois enfants, deux filles et un garçon. Sa mère, issue d'une famille aisée et bourgeoise d'Alsace, a apporté sa fortune à un homme dynamique et instruit mais désargenté. Il a pu ainsi créer une entreprise qui s'est par la suite largement développée, employant jusqu'à une centaine de salariés.

Alors que Florence a huit ans, un drame éclate. Son père a rencontré une autre femme et envisage le divorce. Il en a parlé à son épouse qui ne tarde pas à sombrer dans la dépression nerveuse ; elle n'en sortira jamais réellement. Le mari abandonne alors son projet et sa maîtresse pour des raisons tant affectives qu'économiques. Le mariage a été réalisé sous le régime de la séparation des biens et le divorce entraînerait la dissolution de l'entreprise. Les enfants assisteront désemparés et malheureux à l'interminable déchirement du couple parental. Comme dans bien des cas les parents affirment que leur union ne subsiste que pour le bien des enfants.

Au bout de plusieurs années, ceux-ci font bloc pour leur demander de divorcer sans plus se soucier d'eux. Florence a douze ans. Commencent alors de longues et sordides tractations pour savoir quel enfant suivra tel ou tel parent. Ces nombreux drames et malheurs domestiques ne manqueront pas de laisser des traces indélébiles dans le psychisme de leurs principales victimes, les enfants. Un seul point positif émerge de cette époque : les liens qui se sont formés et consolidés entre les trois enfants.

Parmi les séquelles de son enfance perturbée, Florence a longtemps souffert de l'impossibilité d'avoir une liaison de longue durée avec un garçon. L'exemple des conflits entre ses parents lui faisait redouter toute relation durable pouvant aboutir au mariage ; elle s'arrangeait pour rompre régulièrement au bout de quelques semaines afin d'éviter à d'éventuels enfants ses propres drames.

Florence fait des études irrégulières et se dirige finalement vers une école de commerce. A vingt-trois ans elle est embauchée dans une grosse entreprise de la région parisienne. Le poste initialement prévu pour elle au sein du service *Projets* lui échappe. Elle se retrouve secrétaire anonyme au milieu de bon nombre de collègues. Elle est placée sous les ordres d'un petit chef et comme elle n'a pas cédé à ses avances, il la poursuit de sa hargne.

Florence cherche à mettre en avant sa conscience professionnelle en travaillant mieux et plus que ses collègues mais ne reçoit aucun signe de reconnaissance. Au bout de quelques mois, de telles épreuves survenant chez une jeune femme si fragilisée par son enfance, ont raison de son équilibre nerveux et l'entraînent tout naturellement dans la dépression.

La pharmacopée habituelle lui permet de franchir cet épisode si éprouvant. Après cinq mois de traitement, elle prend sur elle de diminuer petit à petit ses doses de médicaments et nous consulte alors que son sevrage est à peu près terminé.

Après quelques séances de psychothérapie en "face à face", elle se met en quête, sur nos conseils, d'une activité adaptée à son tempérament (groupe sanguin A). Elle finit par trouver dans une société américaine récemment implantée en Europe un emploi parfaitement adapté à ses goûts ; elle est relativement indépendante, son investissement professionnel en durée et en efforts est apprécié, encouragé et récompensé, son esprit créatif largement favorisé.

Un an plus tard sa vie affective s'est normalisée : elle fréquente depuis six mois un garçon avec lequel elle s'entend parfaitement. Elle a enfin trouvé, au plan professionnel comme au plan affectif, un équilibre tout à fait satisfaisant. Elle a même pu reprendre avec un père qu'elle n'avait pas vu depuis plusieurs années, des relations enfin apaisées.

O

V. LE MÉLODIQUE (groupe sanguin 0)

L'individu Mélodique est complètement investi dans l'environnement qui est le sien. Il s'intéresse essentiellement aux cercles concentriques dont il fait partie (société, famille, environnement professionnel). Ses remarquables facultés d'adaptation sont polyvalentes et le prédisposent à des relations humaines incessantes. Celles-ci l'enrichissent sur tous les plans et facilitent le développement de facultés intellectuelles parfois élevées. C'est ainsi que le Mélodique est à la recherche de contacts sociaux, de voyages, de métiers de communication et de commerce, des expériences les plus variées dans les domaines professionnel, sentimental, sportif... C'est un être actif d'un naturel optimiste, souvent fier de lui (comme le peuple américain dans son ensemble, riche en sang 0), faisant plus volontiers preuve de sentimentalisme que de sensibilité. S'il aime l'argent, c'est pour le dépenser *larga manu.* Il est moins prévoyant que d'autres tempéraments mais il peut davantage compter sur son adaptabilité pour se sortir de situations difficiles.

Il vit le moment présent *(carpe diem) ;* c'est l'homme de l'instant qui passe. Il saute tout naturellement sur les occasions de plaisirs s'offrant à lui.

C'est un extraverti typique. Voici ce que Jordan écrivait sur la femme extravertie : *Elle est persuadée que rien ne réussirait sans son aide. Très souvent d'une extrême utilité dans les mouvements sociaux.* Plus loin il ajoute : *Le champ de sa spiritualité n'est ni profond ni vaste mais clair dès l'abord. Quand elle est bien douée, elle occupe une position dirigeante. En société, elle manifeste des sentiments aimables et généreux...* Concernant l'homme extraverti, il écrit : *Il est précoce. Il aime administrer : il est souvent d'une grande utilité pour la société. Quand il siège dans une commission de bienfaisance, il prend tout autant d'intérêt au choix d'une blanchisseuse qu'à celui d'un président.* Et plus loin : *Toujours disposé à faire des expériences parce qu'elles lui sont utiles... il découvre rapidement les désirs et les opinions d'autrui. Il met en garde contre le malheur qui menace, organise et négocie habilement avec les adversaires.*

Le Mélodique, du groupe 0, a le goût de la parole, de la conversation, plus pour le contact que pour l'échange d'idées. Il est en général altruiste, bon et tolérant. Il a le goût du confort aussi bien physique que mental ; il est sensible aux honneurs, aime les cérémonies dans lesquelles il occupe un rang de choix. Il apprécie l'approbation des autres, est souvent un excellent diplomate et recherche les solutions de conciliation plutôt que le conflit.

Il est très motivé par l'émulation, cherchant à être le meilleur dans le maximum de domaines. Il aime la compétition, la lutte, dans la société aussi bien que sur les terrains de sport, à condition que ce soit sans effusion de sang.

Sa curiosité s'exerce avec intensité dans tous les domaines ; il est rapidement attentif et son attention reste vigilante, capable de prendre en charge de nombreux paramètres. Le Mélodique est par exemple un chauffeur attentif, à la conduite toujours adaptée ; c'est lui qui provoque le moins d'accidents parmi tous les groupes sanguins.

Sa curiosité profonde et polyvalente en fait un bon observateur. Son besoin de contacts sociaux se fait sentir dans l'intérêt qu'il porte aux équipes professionnelles, y compris aux équipes dirigeantes. Le groupe 0 aime les responsabilités partagées ; il les préférera à l'exercice unique du pouvoir.

Ses activités s'exercent plus en largeur qu'en profondeur. Il peut pratiquer plusieurs métiers simultanément ou successivement, avec un risque de dispersion le faisant passer pour versatile aux yeux de certains. Aux Etats-Unis, par exemple, il est très fréquent de changer complètement d'activité professionnelle, comme de domicile ou de partenaire familial. L'adaptabilité toujours en éveil de ce peuple explique ce phénomène. Le Mélodique sait plaire et se rendre populaire grâce à un abord amène, ouvert et souriant. Il est souvent bon orateur et "passe bien" grâce à ses facultés d'attention, de mémoire, d'analyse et de synthèse. Le Mélodique est souvent doué d'une grande intelligence pratique ; il passe de l'être à l'acte, et inversement.

Par contre il craint la solitude, a des tendances à la superficialité (il cherchera à plaire à autrui) et risque de perdre toute contenance devant un affront public. C'est un être passionné par ce qui est dans l'air, par les nouveautés dans les domaines du faire et du dire : il aime être *in,* "branché". Il n'invente pas mais utilise et promeut volontiers tout ce qui peut être profitable aux autres et à lui-même. Le sujet de groupe sanguin 0 milite volontiers pour la liberté des contacts et des échanges, il craint les extrêmes. Son idéal est la philanthropie et la bonté. Ses conceptions religieuses sont essentiellement permissives : Dieu est bon, de même que toutes les religions.

Il est tourné vers le large, l'étranger, les voyages, qui peuvent nourrir son attirance, son appétit de diversité et de nouveautés. Il a besoin de vie au grand air, de dépense musculaire et physique; c'est souvent un sportif qui aura tendance à s'étioler s'il se trouve réduit à une activité uniquement sédentaire par les circonstances de la vie.

Le Mélodique préfère habiter les villes que la campagne ou la montagne. On en trouve un nombre important dans le centre des cités, dans les quartiers animés, les ports. Dans son intérieur, il privilégiera les pièces de réception (entrée, salle à manger, salon) parfois au détriment des pièces d'intimité (chambre, salle de bain ou bureau). Il aime les balcons d'où il peut voir et sur lesquels il peut être vu, les escaliers monumentaux, les ornementations de toutes sortes.

Parmi les hommes politiques, Jacques Chirac et Bernard Tapie sont représentatifs du groupe 0.

* L'enfant Mélodique

C'est généralement un enfant agréable, souriant, aimant tous les travaux collectifs y compris ceux de l'école. Il change facilement de professeurs et de matières, s'adapte volontiers aux modifications de rythmes de vie qui lui sont demandées. Il aime l'émulation du groupe et accepte la mise en pension de bon cœur. Sa facilité d'adaptation et son charisme lui permettront de s'y faire des relations qu'il pourra garder toute sa vie. Il deviendra facilement chef de clan. C'est également parmi les enfants Mélodiques que l'on rencontre le plus de représentants des élèves aux conseils de classes.

* Vie professionnelle

L'adolescent de groupe 0 se dirige plutôt vers un baccalauréat scientifique avant d'intégrer une grande Ecole ou de faire ses études de Droit. Il privilégie les professions de grand air, celles de relations, de communications et d'entregent. On le retrouve de préférence dans des métiers de juriste, d'employé au service du personnel, d'éducateur, de médecin. On en rencontre de façon significative dans tous les métiers du commerce : représentants, vendeurs, services import-export, direction commerciale.

Etant donné son constant besoin de changement, il préfère les tâches variées avec des buts alternés, à la monotonie qui le lasse rapidement. L'adaptation à ses collègues et à ses activités est prompte ; il organise son action de façon pratique, voire pragmatique. S'il atteint un poste décisionnel, il aime exercer son pouvoir en groupe, partager l'autorité avec d'autres, mettant en avant ses capacités de coordinateur.

* Influence de l'environnement psychobiologique : tempéraments différenciés

A cause de sa remarquable adaptabilité, le Mélodique sera plus attentif qu'un autre groupe à l'ambiance du milieu dans lequel il évolue. C'est ainsi que dans une ambiance Harmonique (sang A), il pourra devenir *Mélodique-Harmonique,* c'est-à-dire plus suggestible, plus sentimental et sensible qu'un Mélodique pur. Il sera un très bon communicateur, animé de charisme et d'amabilité. Le tempérament *Mélodique-Harmonique* peut donner des journalistes et des écrivains de grande audience aussi bien que d'excellentes secrétaires ou des artistes virtuoses.

Plongé dans un milieu Rythmique (sang B), le Mélodique deviendra fréquemment plus calculateur et égoïste, profitant des opportunités, voulant imposer à tout propos son point de vue personnel. C'est chez les *Mélodiques-Rythmiques* que l'on rencontrera les hommes d'affaires les plus doués et les meilleurs commerçants. L'aspect utilisateur du *Mélodique-Rythmique* est bien illustré par certains individus cherchant à se faire des relations pour réussir leur vie professionnelle et sociale. On en rencontre soit dans des "clubs-service" (*Rotary, Lion's, Kuonis,* etc.), soit dans différentes associations, jusque dans la franc-maçonnerie.

* Délinquance et maladies les plus fréquentes des sujets de sang 0

C'est chez les Mélodiques que l'on trouve la plus grande proportion de voleurs et d'escrocs. Ceci peut s'expliquer par l'hyper-adaptabilité du groupe sanguin 0. C'est dans ce groupe que l'on rencontre également le plus d'abus de confiance, d'usurpations de titres ou de fonctions, d'escroqueries diverses. L'Italie, pays riche en sujets de groupe 0, a produit un art cinématographique qui sait décrire à merveille ce côté “latin” de certains personnages.

En pathologie mentale les sujets de sang 0 sont plus enclins que d’autres à la mythomanie et à la psychose maniaco-dépressive. Le mythomane est un individu possédant une tendance maladive, plus ou moins consciente et volontaire, à vivre dans le mensonge et à créer des fables dans lesquelles il se donne le beau rôle. On pense ici à la chanson d’Yves Montand : *Elle attendait son carrosse*...

La psychose maniaco-dépressive était appelée autrefois *folie périodique*. Celui qui en est atteint vit des épisodes alternés ou concomitants, extrêmement handicapants, de manie et de mélancolie. Les manies, phases d’hyper-excitation, consistent à échafauder des projets aussi grandioses qu’irréalisables, à vérifier dix fois, par exemple, si le gaz est bien fermé, si toutes les lampes électriques sont bien éteintes, si les chaussures sont bien cirées, etc... La crise de mélancolie (ou dépression) peut intervenir en même temps ou en dehors des épisodes maniaques.

En pathologie générale on a pu constater une quantité plus élevée d’ulcères gastriques (20 %) chez les sujets de ce groupe. On a cru pouvoir déterminer que cette majoration de risque était due à des carences relationnelles ou à un manque d’activité sociale, tout deux difficilement supportables par le Mélodique. On a constaté également des fréquences plus élevées de certaines maladies, telles le paludisme, la fièvre jaune et la maladie de Parkinson.

Par ailleurs les individus de groupe 0, facilement influencés par l’environnement humain, sont parmi les sujets à risques par surconsommation conviviale d’aliments trop nourrissants et d’alcool. On trouvera donc chez eux une proportion plus élevée que parmi les autres groupes sanguins de pathologies dues à des surcharges alimentaires, avec leurs conséquences sur les différentes fonctions organiques : difficultés circulatoires, problèmes cardiaques, troubles arthritiques, sciatiques etc... On rencontrera également des problèmes psychiques dus à la perturbation de l’image du moi dans l’obésité.

D'une façon générale les excès du Mélodique se déroulent en société. Le sujet de groupe 0 se laisse facilement entraîner à des écarts, à condition que ce soit dans un cercle humain ; on est loin ici de la consommation individuelle d'alcool ou de drogue propre à certains pays anglo-saxons. Les Mélodiques ont plutôt un comportement social de “buveur de vin”, avec la convivialité que cela comporte, alors que les Harmoniques (groupe A) auraient plutôt un comportement de “buveur d'alcool” consommé isolément. Cependant le sujet 0 sera relativement facile à prendre en charge lors de la réforme de ses habitudes de vie et de la mise en application des facteurs naturels de santé. Il suffit pour cela de l'inclure dans un groupe travaillant dans cette direction.

* Expression artistique du tempérament Mélodique

1. En musique :

- La musique baroque italienne, dont Vivaldi est le représentant le plus génial, est Mélodique dans son ensemble.
- Le *bel canto* avec en particulier Rossini, Donizetti, Meyerbeer, Bellini, est représentatif du groupe Mélodique ; Puccini également, ainsi que Bizet. Gounod est plutôt *Mélodique-Harmonique,* et Verdi *Mélodique-Rythmique.*

2. En peinture :

Le caractère Mélodique se traduit par une profusion de personnages, une atmosphère sociable, une prédominance de lignes courbes, une ambiance humaniste pleine de chaleur et de grâce. On y trouve souvent une évidente connotation spectaculaire. Le Caravage, Rubens, Boucher, Fragonard, parmi beaucoup d'autres, se rattachent à ce groupe.

3. En sculpture :

On retrouve les mêmes tendances : lignes courbes, profusion de détails, atmosphère d'intimité ou de puissance spectaculaire. *Psyché réveillée par le baiser de l'Amour*, de Canova, est une sculpture *Mélodique-Harmonique.*

4. En architecture :

On repère la ligne courbe, la grâce, la richesse d'une ornementation parfois surchargée, en particulier dans le style Second Empire où l'on dénote parfois une composante Rythmique : Opéra de Paris (architecte : Jean-Louis Charles Garnier), Casino de Monte-Carlo ou Observatoire de Nice. Le gothique flamboyant, le style baroque, et plus encore rococo, sont d'inspiration Mélodique, comme en témoigne la grâce délicate du petit Trianon, à Versailles (architecte : Jacques-Ange Gabriel).

5. En poésie et littérature :

Marivaux, Alfred de Musset, Victor Hugo, Marcel Pagnol sont des écrivains de sensibilité Mélodique.

Victor Hugo, dont l'inspiration poétique est d'une veine facilement grandiloquente, parfois superficielle, un dramaturge soucieux du spectaculaire, fut aussi un romancier très social, préoccupé par le destin tragique des déshérités. Personnage fort sociable, bagarreur, à la puissante affectivité et à la vie sexuelle tumultueuse, il ne craignit pas de s'engager personnellement pour défendre son idéal humanitaire et philanthropique et paya son courage de l'exil sur une île ; une dure épreuve pour un Mélodique.

Comme exemple de personnage littéraire Mélodique négatif, nous avons le *Tartuffe* de Molière, ce faux dévot, escroc au mariage et à la fortune de ses bienfaiteurs.

6. En art cinématographique :

Brigitte Bardot est Mélodique comme l'étaient Fernandel, Arletty, Yves Montand.

Dans le prolongement de l'exemple donné pour l'Harmonique on peut, toujours dans *Le Grand Bleu,* prendre le personnage d'*Enzo* comme exemple de Mélodique. Son côté latin très prononcé, - il est italien - ses contacts sociaux et familiaux, sa fierté, son extraversion, sont très représentatifs du groupe 0.

En dehors de cet exemple, le cinéma américain a produit une majorité de films dont les héros ont un tempérament Mélodique.

* Groupe sanguin 0 et graphologie

1) L'écriture du Mélodique est habituellement assez rapide ;

2) le trait est généralement nuancé de pression ;

3) c'est une écriture arrondie, étalée dans le sens horizontal, continue. Volontiers en guirlande, avec des terminaisons centrifuges, elle est essentiellement spontanée et aisée. On y trouve souvent des formes compliquées avec des majuscules enrichies, voire ornées ;

4) elle est plus grande, plus ample, plus claire que la moyenne, faisant appel à la raison ;

5) elle est souvent penchée, attirée par l'avenir ;

6) son mouvement est facile, ondulant, coulant presque. Elle est plus souvent relâchée que celle d'autres groupes sanguins.

* Exemple : le cas de Madame Monica, de groupe sanguin 0

Monica est née près de Turin il y a une cinquantaine d'années d'un père petit commerçant (groupe sanguin 0) et d'une mère fonctionnaire (groupe sanguin A). Enfance heureuse aux côtés d'un frère de deux ans son aîné et d'une sœur, sa cadette de trois ans. Etudes primaires et secondaires sans difficultés majeures avant d'entrer comme vendeuse dans un grand magasin. Elle appartient au groupe sanguin 0.

C'est une belle et rayonnante jeune fille, très entourée, aimant la vie, sortant le plus possible et faisant, à cette occasion, des rencontres sans lendemain. Un été, sur une plage de l'Adriatique, elle fait la connaissance d'un ingénieur sicilien. Très vite, ils sont épris l'un de l'autre. Elle l'épousera à la fin de cette même année. Elle a vingt-deux ans et lui vingt-cinq.

Elle est très attachée à ses amis d'enfance et à sa famille. Malgré son affection pour son mari, elle éprouve quelques réticences à le suivre en Sicile. C'est pour elle non seulement l'isolement mais le dépaysement total, le mode de vie différant complètement de celui du Piémont.

Il faut préciser ici que, si la formule sanguine du nord de la péninsule italienne est pratiquement identique à la nôtre, celle du Sud est proche de celle de la Tunisie. Ceci explique les difficultés du gouvernement italien avec son *Mezzogiorno* (Midi italien). Selon la tradition du grand Sud, Gino cloître Monica et l'empêche de téléphoner à ses parents. Trois enfants naîtront en ordre rapproché, deux garçons et une fille. Elle leur consacrera tout son dynamisme et son affection pendant plus de vingt ans. Parallèlement, elle s'occupe de différents groupements parascolaires et devient présidente d'un syndicat de parents d'élèves et de deux associations sportives.

Ses enfants quittant l'enseignement secondaire au fur et à mesure de l'évolution de leur scolarité, Monica abandonne peu à peu ses activités au sein des associations de parents d'élèves. Pendant ce temps, Gino a pris du galon dans sa société ; il s'occupe de moins en moins d'elle tout en maintenant une surveillance vigilante.

Un jour, c'est la grande cassure. Elle a tout juste quarante-cinq ans quand son mari est muté en France ; leurs deux fils aînés resteront en Italie pour finir leurs études, seule leur fille cadette les suivra. Arrivée en France, Monica se sent de nouveau complètement perdue, coupée de son passé, de ses relations, de sa famille à laquelle elle tient tant. Gino en profite pour boucler son épouse et sa fille dans un pavillon de la banlieue parisienne et, malgré son activité intense, contrôle le plus possible leurs allées et venues. Ornella, leur fille, appartenant elle aussi au groupe sanguin 0, s'est bien intégrée dans le lycée français qu'elle fréquente, s'y est fait de nombreux camarades de classe et beaucoup d'amis. Son réseau de relations et d'amitiés extra-familiales fait d'elle une jeune fille heureuse.

Monica, elle, sombre dans la mélancolie, la dépression et la somatisation. Elle souffre de douleurs dorsales et d'asthme, consulte bon nombre de spécialistes en tout genre et termine son périple médical dans mon cabinet. Une psychothérapie brève (six mois) est suivie de conseils de recherche d'occupations et de contacts. Elle finit par entrer dans l'équipe municipale de sa commune et y exerce des activités dans le service culturel. Ses nouvelles fonctions lui permettent d'avoir de très nombreuses relations et l'occupent une bonne partie de ses journées.

Elle et son mari se sont inscrits dans un club de bridge et se passionnent pour ce jeu. Cette série d'activités sociales a rétabli l'équilibre de Monica. Elle se retrouve, enfin, bien dans son couple, grâce à la mise en conformité de son mode de vie avec les grandes tendances de son tempérament psychobiologique.

B

VI. LE RYTHMIQUE (groupe sanguin B)

Le tempérament Rythmique s'oppose sur bien des points au tempérament Harmonique. Son comportement passe souvent pour être dur, inflexible. Par contre, son être profond est vulnérable, extrêmement sensible au moindre dérangement. Les sujets appartenant à ce groupe sont des personnes qui, sous des aspects de grande solidité, s'inquiètent du moindre bobo, ou "pet de travers" ; elles sont fréquemment ce que l'on appelle des hypocondriaques. Ce sont souvent de bons clients du monde médical bien que passant pour des "casse-pieds". Cette extrême vigilance aux moindres malheurs s'explique par le fait que leur organisme guérit difficilement, faisant fréquemment d'eux des victimes d'une seule et unique maladie qui ne les quitte plus jusqu'à la fin de leurs jours.

Dans leur jeunesse, les Rythmiques sont généralement sportifs, doués pour l'action, ayant autant de respect pour la force que de mépris pour la faiblesse. Ils apprécient l'autorité, la régularité, la discipline.

En réalité, le Rythmique est peu doué pour l'adaptation : il évolue à son rythme propre sans se soucier du monde extérieur. Il dit ce qu'il a à dire et fait ce qu'il doit faire sans trop se poser de questions. Son intelligence est surtout analytique. Fréquemment il manque d'esprit de synthèse, mieux représenté chez l'Harmonique (groupe A). Il s'agit plutôt d'un tacticien que d'un stratège. Son activité de recherches en profondeur, dans un sillon tout tracé, lui permet plus qu'à d'autres l'accès à la spécialisation. Ainsi, il deviendra souvent expert dans le domaine qu'il s'est choisi, dans la ligne qu'il aura tracée et dont il ne s'écartera plus. Il manque souvent d'imagination mais il a le sens du déroulement mathématique, du temps qui passe, et il est persévérant et tenace.

A ce propos, notons la différence entre la France, globalement Harmonique-Mélodique, et l'Allemagne, Harmonique mais longtemps dominée par la Prusse, celle-ci possédant une forte tendance B. La première est connue pour être plutôt riche en invention et imagination, la seconde davantage réputée pour son efficacité et sa rigueur. Les deux pays se soutiendraient admirablement si leurs politiques allaient réellement et sincèrement dans le sens de la complémentarité et non de l'opposition.

Le Rythmique aime se trouver dès le départ mis sur des rails qu'il suivra jusqu'au bout. Cette stabilité, essentielle à son développement, est inscrite dans ses agglutinines, éléments figurés du sang qui, chez lui, sont les plus stables qui soient.

Au plan intellectuel, le groupe B possède une excellente mémoire appuyée sur une grande facilité d'acquisition d'automatismes. Son esprit d'analyse est surtout développé, ce qui lui permet des déductions faciles : pour cette raison, il est fréquemment doué pour les mathématiques, et souvent attiré par toutes les formes d'abstractions. Sa pensée *successivante**, travaillant en "sillon", est difficilement capable de prendre en compte plusieurs éléments simultanés. Un sujet Rythmique aura, par exemple, moins de facilité qu'un Harmonique à écouter de la musique alors qu'il travaille.

Essentiellement tourné vers l'action, il aime tout ce qui la favorise : l'ordre, l'organisation, le matériel. Il ne se met cependant au travail que lorsqu'il a compris exactement ce que l'on veut de lui, c'est-à-dire dès que le raisonnement qu'on lui a tenu lui semble suffisamment rigoureux pour être convaincant.

* Elle traite chaque information l'une après l'autre : elle fonctionne en série, comme les ordinateurs.

Le Rythmique est un être assez égocentrique, tellement il est rigide. Il n'est capable de ruse ou de rouerie que lorsque celles-ci sont érigées à l'état de système. On pense ici aux mises en scène politiques des Russes de l'Ancien Régime : les visites de villages en trompe-l'œil de la Grande Catherine sont restées célèbres. Plus près de nous Saddam Hussein a utilisé une quantité importante de faux tanks et de fausses pièces d'artillerie.

Le sujet de groupe B éprouve beaucoup de difficulté à se mettre à la place des autres. Son point de vue doit prédominer, risquant ainsi de le faire passer pour intransigeant, voire sectaire. Peu affectif, on ne lui reconnaît que de rares mouvements de haine. Si l'environnement humain ne cède pas à sa volonté, il peut toutefois vouloir supprimer ce qui le gêne, au besoin par le meurtre ou la guerre. Ses relations sociales sont souvent basées sur l'intérêt, les êtres n'étant là que pour servir à ses fins.

Il a le sens de la fatalité, du déterminisme. Relevons à titre anecdotique que chez les Arabes, qui comptent relativement plus de B que les populations occidentales, l'expression *Inch Allah* (*si Dieu le veut*) est très courante ; elle relativise la responsabilité individuelle et collective. Les causes de difficultés de tous ordres sont ainsi à rechercher à l'extérieur de l'individu ou de la collectivité (c'est la faute à...!)

Les sujets de sang B sont plus que d'autres à la recherche de la vérité, par opposition aux Harmoniques qui sont, eux, en quête de beauté. Enfin les Rythmiques possèdent également une qualité remarquable, ils sont généralement fidèles en amitié : ce sont des amis sûrs, fiables et que l'on gardera toute sa vie.

* L'enfant Rythmique

Il est déjà raisonnable et sérieux alors que les autres petits enfants, s'adonnant essentiellement à des activités ludiques, ne songent qu'à s'amuser. C'est le plus précoce de tous les groupes sanguins aussi bien au plan psychologique

que physiologique. Son système osseux évolue plus rapidement que chez les autres groupes sanguins et sa puberté est plus précoce.

A l'école, le Rythmique apprécie les démonstrations logiques ; il aime les professeurs enseignant de façon méthodique. Par contre il vit très mal les changements de classe ou d'école, par exemple à l'occasion du passage de l'enseignement primaire au secondaire. Plus tard, on retrouvera généralement le type sanguin B titulaire d'un baccalauréat scientifique, puis dans les classes préparatoires aux grandes Ecoles.

* Vie professionnelle

Parmi les Rythmiques on trouve de bons policiers et d'excellents militaires. Lorsqu'ils choisissent des métiers d'exécution, on les retrouve également directeurs d'usines, cadres techniques, managers d'entreprises de production.

N'étant pas sensibles à la monotonie des tâches répétitives, ils font d'excellents ouvriers ou contremaîtres. Dans le monde de la science ils savent pousser très loin la spécialisation et deviennent des experts recherchés. Ils examinent de manière très organisée et méthodique les projets qui leur sont soumis et les étudient soigneusement avec la documentation la plus importante possible. Ils ont besoin de continuité dans l'action et, pour cela, de directives précises qu'ils exécuteront minutieusement et avec la plus grande persévérance : là encore ils apprécient ordre et autorité.

* Influence de l'environnement psychobiologique : tempéraments différenciés

Le Rythmique, sa jeunesse passée, sera peu influencé par son environnement.

Dans une ambiance Harmonique (sang A), il tempérera sa rigidité par une certaine sensibilité. Il deviendra *Rythmique-Harmonique.* Si par la suite il accède à des postes à responsabilités, il sera un décideur inflexible, bien que capable de donner des directives très appropriées à chacun.

Dans un milieu Mélodique (sang 0), par exemple lorsqu'il s'agit d'enfants élevés par une mère Mélodique, le Rythmique développera une facilité d'adaptation qui lui permettra de poursuivre son but avec une certaine habileté en utilisant les circonstances et les individus passant à sa portée.

* Délinquance et maladies les plus fréquentes des sujets de sang B

Peu sensible aux états d'âme du milieu qui l'entoure, le Rythmique peut facilement passer à l'acte et se montrer violent, bagarreur, voire meurtrier. Parmi la population carcérale retenue pour meurtre, le groupe sanguin B est le plus représenté.

En pathologie mentale, on rencontre plus de pervers sadiques que parmi d'autres groupes sanguins. Sur le plan de la pathologie générale, on retiendra seulement que, comme nous l'avons déjà exprimé, le groupe B guérit mal, traînant fréquemment la même maladie tout au long de sa vie. On rencontre souvent chez les B des problèmes d'arthrose et d'arthrite, peut-être dus à une certaine rigidité physique, pendant de leur raideur psychique.

* Groupe sanguin B et graphologie

On aura affaire à une écriture :

1) Bien rythmée.

2) Présentant de petites irrégularités

- pression ;
- dimension ;

- forme ;
- inclinaison ;
- continuité.

3) Souvent liée, voire hyper-liée.

* Expression artistique du tempérament Rythmique

Le Rythmique est le type sanguin le moins attiré par l'expression artistique ; comme on l'a vu, c'est davantage un techno-scientifique.

1. En musique :

Le tam-tam d'Afrique est une musique Rythmique. Le jazz, inspiré par la musique africaine, est également très Rythmique ; il a influencé profondément la musique contemporaine comme celle de Gershwin, certaines musiques de films - *West Side Story* en est un excellent exemple - et la majorité des chansons actuelles. Des compositeurs russes comme Stravinsky et Prokofiev (rappelons-nous l'importante proportion de sang B en Russie) sont Rythmiques eux aussi.

2. En peinture :

Le caractère Rythmique se traduit par des répétitions de mêmes motifs, des traits parallèles, des hachures, des noircissements, des tracés droits et pointus. L'expression des personnages est figée, les sujets sont relativement techniques. Le cubisme, la peinture naïve dont Henri Rousseau, dit *le Douanier,* est le plus talentueux représentant, appartiennent à l'art Rythmique, comme également Bernard Buffet et certains artistes nord-américains contemporains.

3. En architecture :

Certains édifices de l'architecture russe (tsariste ou communiste), certains temples hindous et bouddhiques développant sur une grande échelle la répétition du même motif, sont Rythmiques.

4. En littérature :

L'Etranger d'Albert Camus, *Philéas Fogg*, le héros du *Tour du monde en quatre-vingts jours*, de Jules Verne, sont des personnages Rythmiques, vivant à leur propre rythme, selon leurs normes personnelles sans se soucier du monde environnant.

5. En art cinématographique :

Michel Bouquet dans le rôle de l'inspecteur *Javert* des *Misérables*, version Robert Hossein, représente un bon exemple de tempérament Rythmique. C'est un personnage peu affectif, méthodique, quasi militaire, à l'esprit analytique développé, appréciant la discipline.

Le cinéma réserve souvent les rôles de méchants, style maniaques et froids, à des personnages de tempérament Rythmique. C'est particulièrement vrai pour les films de guerre où l'on a caricaturé à l'extrême les militaires allemands pour ne leur laisser que les plus négatives des caractéristiques Rythmiques.

* Exemple : le cas de Jacques, de groupe sanguin B

Jacques est né dans une famille protestante française, de parents appartenant tous deux au groupe sanguin B. Très tôt, il se révèle doué pour les mathématiques et les échecs. A huit ans il participe déjà à des tournois ; on envisage des championnats mais ses études, brillantes, l'empêchent de poursuivre dans cette voie. Baccalauréat scientifique à seize ans, avec mention très bien. Polytechnique, dont il sort second. Service militaire en Allemagne.

A vingt-cinq ans, Jacques n'a encore connu aucune femme. A l'occasion d'une soirée donnée chez des amis, il rencontre Léa, jeune méridionale, bien dans sa peau, extravertie, secrétaire bilingue dans une multinationale d'origine américaine ; groupe sanguin 0. Elle n'est pas libre mais Jacques en est si amoureux, il le lui fait savoir de façon tellement émouvante qu'elle finit par se libérer. Jacques vient d'entrer dans une importante société agro-alimentaire avec un salaire lui permettant d'être indépendant. Il loue alors un appartement dans lequel Léa vient s'installer. Ils y filent pendant quelques mois le parfait amour. Les choses se gâtent lorsque Jacques demande à Léa de régulariser la situation et de l'épouser. Elle tergiverse et reporte l'événement de saison en saison. Jacques insiste tellement qu'elle finit par céder.

Très belle cérémonie de mariage avec feu d'artifice dans un décor grandiose. Léa est ravie, elle a invité ses ami(e)s actuel(le)s et passé(e)s ; quelques anciens amants se sont glissés dans le lot. Sa famille tout entière est réunie. Elle y rencontre même des gens de si lointaine parenté qu'elle ne les connaissait pas. La robe blanche est somptueuse, jamais la mariée n'a été à pareille fête !

Le jeune couple s'entend bien. Trois ans après le mariage deux garçons sont nés. La famille déménage pour un appartement confortable et spacieux dans un quartier calme de la capitale. Léa ne travaille plus à l'extérieur et se consacre entièrement à sa petite famille.

Le ciel commence à s'obscurcir au bout de six ans. Léa souffre de plus en plus de son isolement. Ses parents habitent toujours dans le midi et ses relations s'étiolent de jour en jour. Son comportement se met insensiblement à changer ; Jacques se rend compte qu'elle devient de plus en plus coquette et insouciante. Elle est souvent rêveuse et sa mémoire est fréquemment prise en défaut. Léa s'occupe moins de ses enfants et ne s'acquitte plus aussi ponctuellement de ses tâches domestiques. Au début à mi-temps, la femme de ménage devient employée à temps complet. C'est même elle qui va chercher les enfants, devenus demi-pensionnaires, le soir, à la sortie de l'école. Léa devient distante avec Jacques et prétexte ses ronflements pour faire chambre à part. Les visites que lui rend son mari se révèlent chaque fois infructueuses : tous les soirs Léa souffre à présent “d'affreuses migraines”.

Jacques n'admet la réalité que très lentement : elle le choque profondément, le déboussole complètement. Cet homme courageux et travailleur ne connaissait pas la maladie ; son infortune le transforme complètement. Il tombe dans la dépression et somatise au niveau de l'estomac et du dos. Il consulte en vain des dizaines de médecins, d'ostéopathes, de psychiatres et de psychologues. Il aboutit chez moi, demandeur de sophrologie et d'hypnose. La dégradation a également frappé la société dont le PDG ne s'occupe plus, l'activité dégringole, les bénéfices sont en chute libre, on licencie du personnel. Il faudra des mois et beaucoup d'efforts pour que Jacques accepte l'idée de la séparation. La rigidité de son tempérament Rythmique, renforcée par l'éducation reçue, s'oppose à cette solution de bon sens. Le divorce, avec le bouleversement des situations établies, même si elles ne sont pas de tout confort, lui semble insupportable. Il faudra beaucoup d'efforts pour le lui faire cependant accepter.

Paradoxalement Jacques est toujours amoureux de Léa. Le travail de "deuil" (indispensable pour survivre à la perte de l'objet aimé) se fera lentement et péniblement. La société agro-alimentaire a été contrainte au dépôt de bilan. Il aura fallu cinq ans à Jacques pour remonter la pente et retrouver son équilibre, parfois béquillé par quelques petites pilules.

Certaines personnes de l'entourage de Jacques se sont étonnées des répercussions catastrophiques, au plan social, de la rigidité et de l'absence d'adaptabilité d'un seul individu ! On peut rêver et imaginer ce qui serait arrivé au personnel de la société industrielle qu'il dirigeait, à l'environnement humain et à Jacques lui-même, s'il avait appartenu au groupe sanguin 0, caractérisé par sa flexibilité et ses excellentes possibilités d'adaptation !

AB

VII. LE COMPLEXE (HMR, groupe sanguin AB)

Il s'agit du plus fertile des quatre tempéraments psychobiologiques. S'il est riche des qualités des trois autres, il est profondément défavorisé par leurs oppositions qui font de lui un être fréquemment tiraillé par ses incohérences et ses contradictions.

Le passage de l'être à l'acte qui se fait chez le Mélodique avec une facilité toujours bien adaptée réveille en lui des tensions profondes, des hésitations et une instabilité persistante. La cause en est l'état de conflit permanent entre la personnalité profonde et la pulsion d'action propre à son caractère fondamental. Ceci se vérifie sauf si un milieu extérieur suffisamment rigoureux et discipliné lui permet une synthèse de ses richesses intérieures. Dans ce cas seulement il pourra utiliser en ordre successif ses diverses qualités.

Le comportement du Complexe correspond tout à fait à l'instabilité de son milieu interne. Le groupe sanguin AB possède en effet les deux principes opposés A et B. Or, on sait que lors des transfusions sanguines ces deux types de sang sont antagonistes.

Ce qui caractérise avant tout le tempérament Complexe, c'est sa soif de toute chose. Il est attiré à la fois par la beauté et la méditation (comme le groupe Harmonique), par les relations humaines et les contacts de toutes sortes (comme le groupe Mélodique), par l'action et l'autorité (comme le groupe Rythmique). En réalité il veut tout à la fois : les biens matériels, les relations (sociales, professionnelles, amoureuses...), la connaissance dans toutes sortes de domaines, le pur et l'impur, le beau et le laid... Ses goûts contradictoires, ses attirances opposées, font de lui un être tourmenté, inquiet, profondément pessimiste. Pour échapper à l'immobilité résultant de ses pulsions contradictoires, semblables en cela à l'âne de Buridan qui ne pouvait se décider sur la direction à prendre et restait sur place, il est généralement poussé à une conduite successivante (cf note p. 48). Elle lui permet un bon maintien de son tonus mais se fait avec des passages brutaux d'un plan à l'autre qui peuvent surprendre l'entourage.

Ce rythme d'activité entraîne du surmenage. Celui-ci est vécu non pas comme quelque chose de néfaste pouvant entraîner des catastrophes (comme chez les Harmoniques) mais comme une véritable libération qui l'entraîne loin de ce qu'il redoute le plus : l'inaction. Il a besoin d'être "retiré" de lui-même. Le Complexe apprécie par-dessus tout d'avoir un emploi du temps extrêmement chargé. Son réveil est d'autant plus joyeux que le planning de la journée est rempli ! L'employeur qui a la chance de posséder un Complexe dans son personnel devrait s'en réjouir et le diriger de la façon la plus profitable qui soit, pour ce dernier comme pour son entreprise. C'est un employé infatigable, capable d'une activité soutenue dans des domaines variés. Il faudra cependant que les consignes soient données successivement, car il s'agit de ne pas lui laisser la bride sur le cou pendant trop longtemps.

S'il est indépendant ou s'il occupe un poste à responsabilités, son instabilité intérieure risque de faire apparaître des incohérences difficiles à vivre pour son entourage. D'une façon générale son comportement est très souvent imprévisible. Il prend des décisions apparemment irrévocables mais qui peuvent être annulées ou modifiées l'instant suivant, en fonction de considérations entièrement affectives. Ses brusques ruptures de rythme font de lui un être tout à la fois faible et violent, égoïste et philanthrope, habile et maladroit, bon et cruel, intro et extraverti. Ses changements de plans continuels ne cessent de le faire souffrir. Il est caractérisé par des allers et retours affectifs et sentimentaux.

Sa mémoire est polyvalente, son attention infatigable ; il peut se concentrer sur les pôles d'intérêt les plus variés, à condition toujours qu'ils se présentent à lui les uns après les autres. Son imagination est sans bornes ; quant à son intelligence, elle est non seulement conceptuelle et abstraite mais également pratique et réalisatrice : c'est un technicien hors pair.

En ce qui concerne son habitat, ses goûts sont également contradictoires. Il aime la ville et la campagne, le monde et la nature. Il souhaite aménager tant les structures de réception et de relations (salon, salle à manger, entrée, corridor, escalier) que les pièces d'intimité comme la chambre ou le bureau. Il recherche les perfectionnements dans l'installation de sa cuisine et les techniques de son et d'image. Il apprécie également les dispositifs permettant la dépense physique : salle de gymnastique, sauna, etc.

* L'enfant Complexe

L'enfant Complexe est généralement un enfant turbulent, inquiet, souvent très doué, trop même, et qu'il faudra savoir diriger en lui proposant des activités variées au sein même de l'école, sous peine de le voir se transformer en élément perturbateur. Il a besoin de directives précises et formulées l'une après l'autre. S'il réussit, il sera doué dans toutes les matières. Il aime généralement la musique qui a chez lui un effet bénéfique de relaxation. Son caractère complexe se manifeste dès sa plus tendre enfance : il est moins que d'autres influencé par les tendances Harmoniques propres à son âge comme nous le verrons plus loin.

* Vie professionnelle

On le trouve dans toutes sortes d'activités ; comme le Mélodique, il choisira volontiers le commercial, les métiers de plein air, les professions de contacts et de communications. Ou, comme l'Harmonique, il se dirigera vers les professions artistiques, la recherche, les lettres et la philosophie. Ou encore, comme le Rythmique, il sera attiré par les mathématiques, la science et la technique à tous les niveaux. Mais en général, après un baccalauréat scientifique, le sujet Complexe se dirigera plutôt vers les Facultés que vers les grandes Ecoles.

On le retrouvera souvent dans des activités très variées, son instabilité naturelle le poussant à s'évader de lui-même à la recherche d'un "ailleurs" polymorphe. Il est bien représenté chez les psychiatres à la recherche, sans doute, de réponses à leur propre problématique. D'autres s'orienteront vers l'agriculture qui leur offre un contact apaisant avec la nature et exige une activité multiforme tant pratique que théorique, ainsi qu'une dépense physique plus élevée que pour d'autres tâches. D'une façon générale, ils opteront pour des métiers où la monotonie est absente et auront besoin, pour ne pas augmenter leur instabilité profonde, de consignes successivantes en évitant avec soin les directives simultanées.

A cause sans doute de leur adaptation au milieu immédiate et sans nuances, leur sens des responsabilités est rarement élevé. Dans les équipes de travail il faudra chercher à les associer à des sujets Mélodiques qui sauront tenir compte de leurs différents changements de rythme et utiliser au mieux leurs nombreuses qualités. L'association au Rythmique n'est pas déconseillée, celui-ci sait imposer sa constance dans l'action au Complexe, qui en a le plus grand besoin.

* Délinquance et maladies les plus fréquentes du sujet de sang AB

L'avidité du sujet Complexe le pousse parfois à transgresser les lois sociales ; il peut devenir alors, comme le

Mélodique (sang 0), voleur, escroc ou receleur. Il peut également, comme le Rythmique (sang B), devenir violent ou meurtrier.

En pathologie mentale, on trouve parmi eux les grands mélancoliques que nul ne parvient à guérir, les angoissés, les anxieux. Ils sont victimes de leur accumulation excessive de richesses intérieures due à l'indécision dont ils font preuve à se jeter dans l'action, celle-ci étant pour eux salvatrice. On y trouve la proportion la plus élevée de suicides et de manifestations sado-masochistes. Ils sont capables de faire souffrir autrui en se torturant eux-mêmes.

En pathologie générale on trouve dans ce groupe relativement plus de cancers que dans d'autres groupes sanguins. Ils seraient également plus sensibles à l'ulcère variqueux et présenteraient plus souvent des plaies atones que d'autres.

* Expression artistique du tempérament Complexe

1. En musique :

La meilleure manifestation du tempérament Complexe en musique, parce qu'il est profondément structuré et équilibré, est représentée par le compositeur J.-S. Bach (cf. ci-dessous).

D'autres compositeurs comme Gustav Mahler, Dmitri Chostakovitch, relèvent aussi de ce tempérament.

Jean-Sébastien Bach

On peut affirmer sans risque de se tromper que Jean-Sébastien Bach s'est fortement inspiré de la musique italienne. Celle-ci était d'ailleurs la musique la plus en vogue dans le monde de l'époque. Les principaux compositeurs, Corelli, Locatelli, Albinoni et surtout Vivaldi, le fameux prêtre rouge vénitien, étaient originaires des parties nord et centrale de la péninsule italienne. Ces régions possèdent des formules psychobiologiques semblables à celles de l'Autriche et de la

France : *Mélodique Harmonique*, ce qui est justement la caractéristique musicale de cette époque.

Jean-Sébastien Bach a structuré cette musique ; il lui a donné la rigueur Rythmique du caractère germanique. Le résultat est cette merveille d'équilibre entre l'harmonie, la mélodie et le rythme qu'est la musique de Bach. Elle représente bien la perfection accessible au sujet de tempérament Complexe (HMR) lorsque l'ensemble de ses potentialités est libéré, favorisé et structuré.

2. En peinture :

Les œuvres des peintres Complexes sont caractérisées par :

- la multiplicité des centres ; leurs toiles possèdent plusieurs pôles d'intérêt ;
- la variété des motifs qui semblent n'avoir aucune relation entre eux ;
- le nombre de plans ;
- la richesse de la représentation (concepts, objets, êtres humains) manifestant souvent le pessimisme ou l'avidité.

On peut citer Jérôme Bosch, van Balen, Steen, Goya, parmi les principaux. Chez les peintres contemporains, Chagall, Salvador Dali, Picasso sont représentatifs de ce tempérament.

3. En littérature :

Baudelaire est un poète Complexe par la présence simultanée d'éléments beaux et lumineux et d'éléments laids et même repoussants, coexistant parfois dans le même poème.

Dostoïevsky également, dont la plupart des héros manifestent un tempérament Complexe : passionné, idéaliste, mystique, joueur, voleur, débauché, amoureux, dur, avare, misanthrope, et sont déchirés par ces tendances extrêmes.

Mais sans conteste c'est à nos yeux William Shakespeare qui représente, en littérature, le type Complexe dans sa plénitude achevée. Son œuvre n'est pas Complexe dans le sens d'un déséquilibre entre des aspects contradictoires, elle est Complexe comme l'est la vie, le monde où nous vivons et dont le grand poète nous dépeint la totalité sous ses facettes multicolores. Son œuvre est Complexe par le fond autant que par la forme qui épouse le sujet et s'y adapte. Quels points communs entre les comédies légères comme *Beaucoup de bruit pour rien, Tout est bien qui finit bien,* les drames historiques tels qu'*Henry V* ou *Richard III* et les grandes tragédies comme *Hamlet, Macbeth* ou *Othello,* sinon que l'auteur y imprime à chaque page la marque incomparable de son génie universel, recréant un monde unique, mais dans toute sa diversité ?

4. En art cinématographique :

Marilyn Monroe était une actrice de type Complexe (sang AB).

Scarlett, l'héroïne d'*Autant en emporte le vent,* est un personnage Complexe, à la personnalité fortement divisée entre ses penchants contradictoires.

* Groupe sanguin AB et graphologie

L'écriture des individus appartenant au type Complexe ressemble bien souvent à celles des composants de ce groupe. Elle présente des ressemblances avec l'écriture des Mélodiques, Rythmiques, Harmoniques-Rythmiques ou Harmoniques-Mélodiques.

Cependant elle possède parfois des particularités caractéristiques :

1) elle est rapide, avec des lancements ;

2) elle présente des changements de train ;

3) elle montre des signes évidents d'avidité (ovales de grande amplitude avec de nombreux tracés régressifs) ;

4) la forme est souvent peu esthétique. On distingue une dysharmonie entre des formes élégantes et, simultanément, des traits vulgaires.

Exemple : le cas de Jean, né en 1934, de groupe sanguin AB

Jean naît en 1934 dans une famille d'ouvriers du nord de la France. Il a deux frères et une sœur aînés ; suivront bientôt dans la fratrie deux autres sœurs. Son père appartient au groupe sanguin B, sa mère au A. La famille est unie et subit sans difficultés majeures l'autorité du père. A douze ans, Jean entre comme ses frères et sœurs, en apprentissage. Il choisit la menuiserie. D'emblée son intelligence et ses capacités psychobiologiques (groupe sanguin AB) font merveille. Il devient rapidement le meilleur apprenti, puis ouvrier, d'une grosse entreprise de menuiserie industrielle. A 19 ans, à la suite du départ d'un associé, il devient le véritable bras droit du patron, s'occupant aussi bien de la fabrication que de la gestion de la société. Ce dernier le considère comme le fils qu'il n'a pas eu et, ravi, accepte de l'unir à sa fille unique. Le mariage se fait en grandes pompes ; Jean a voulu une fête grandiose que son beau-père a payée. Orchestre et chœur pour la cérémonie religieuse, terminée par une sortie d'église entre deux rangées de chevaux, deuxième orchestre pour accompagner le repas dans un célèbre restaurant du Bois de Boulogne.

Trois mois plus tard, c'est le départ pour le service militaire en Algérie. Il durera, avec le rappel, la bagatelle de trente-six mois ; Jean remplit son devoir avec panache. Il termine son aventure sous les drapeaux comme sergent dans un régiment de parachutistes. Il a été blessé et touchera une pension (modeste) pendant le restant de ses jours. Une seule permission pour fêter la naissance d'un premier fils. De retour à la vie civile à vingt-trois ans, Jean se lance rapidement dans l'aventure industrielle des années soixante. Avec le soutien de son beau-père, il crée d'autres sociétés de fournitures pour le bâtiment. Il est sur la brèche quatorze heures par jour, six jours sur sept. Le dimanche, il prépare dans le calme le programme de la semaine à venir. Il ne prend pas de vacances et s'occupe absolument de tout au sein du groupe. Il ne délègue que très peu, décide de tout, dans tous les domaines (programmes de fabrication, publicité, investissements, gestion, salaires, horaires des trois cents employés, couleurs et formes des vêtements de travail).

Il prend tout de même (tout juste) le temps de procréer deux autres enfants dont il ne s'occupe pas. En 1965, son beau-père meurt brutalement d'un cancer à forme foudroyante. Il se retrouve à trente-et-un ans à la tête d'un holding, actionnaire majoritaire et président-directeur général. A partir de là, sa vie va complètement basculer. Les tendances contradictoires du groupe sanguin AB vont se manifester en l'absence du garde-fou constitué par l'expérience, le savoir-faire, les directives de son beau-père.

Au cours d'un voyage en Union soviétique, il rencontre une très belle jeune femme, professeur d'histoire de l'art. Il réussit à la faire émigrer en France, l'installe à Paris et pourvoit à ses besoins. Il est non seulement très amoureux de la jeune femme, mais il se passionne pour son métier et pour sa culture. Il apprend le russe et suit l'enseignement de l'école du Louvre. Ses incessants voyages en province et à l'étranger le poussent à s'intéresser à l'aviation. Il passe son brevet de pilote et la société acquiert un avion privé. Le manque d'intérêt qu'il manifeste vis-à-vis de son foyer conjugal se traduit par une déplorable insertion sociale et scolaire de ses enfants et de grosses difficultés dans le couple. Il se met à fumer, cesse toute activité physique et grossit de quinze kilos. Le divorce survient qui le perturbe gravement. Au sein de la société, sa gestion est fortement controversée. Il est à présent minoritaire et sa situation est gravement menacée. De plus en plus mal dans sa peau, il se brouille avec ses meilleurs amis et finit par rompre avec sa maîtresse. Huit jours avant son cinquantième anniversaire, il décède d'un infarctus du myocarde.

RÉSUMÉ : GROUPES SANGUINS ET VIE SOCIALE

	A - HARMONIQUE	0 - MELODIQUE
Concentration géographique	Régions de montagne et climats tempérés (variations climatiques atténuées).	Littoraux et régions planes, et tous les espaces où convergent les flux de populations (régions carrefours).
Lieu de résidence privilégié	Cités dont le patrimoine historique et artistique est préservé.	Cités abritant des activités commerçantes et portuaires.
Spécificité du cadre de vie	Espace organisé pour favoriser l'intimité.	Villes au sein desquelles la profusion et l'aisance dans les relations avec autrui sont favorisées.
Situation de la résidence / centre ville	Zone de transition entre la ville et la campagne : lieux ensoleillés où la nature est présente.	Au cœur de la ville, quartiers très fréquentés et où sont installés commerces et lieux de distraction.
Caractéristiques du cadre de vie	Sédentaire, fidèle à sa demeure. Le sens de l'esthétique et de l'harmonie est prépondérant ; les Harmoniques cultivent leur jardin et aménagent parcs et terrasses. Ils privilégient l'orientation vers le sud. Rien de ce qui contribue à créer un intérieur chaleureux et des espaces autonomes dans l'appartement n'est épargné.	Aime changer de résidence. Le Mélodique a le sens de la décoration et ne dédaigne pas les effets spectaculaires. Sa demeure est agrémentée de perrons, de balcons, de larges escaliers. Des espaces qui favorisent la réunion et l'échange avec autrui sont aménagés : salons de réception, salles à manger, cuisines, etc.

RÉSUMÉ : GROUPES SANGUINS ET VIE SOCIALE

	B - RYTHMIQUE	AB - COMPLEXE
Concentration géographique	Régions de plateaux ou de grandes plaines présentant des climats constants mais susceptibles de brusques améliorations ou détériorations.	Il se rencontre dans les espaces de transition entre zones de concentration géographique du groupe A et du groupe B, puisqu'il est un hybride de A et de B.
Lieu de résidence privilégié	Cités où l'activité industrielle prédomine nettement.	Peu importe le lieu. La loi et la tradition sont les deux facteurs prépondérants du choix de résidence.
Spécificité du cadre de vie	Rationalisation de l'espace pour contribuer à l'efficacité de l'individu dans ses différentes activités.	Les complexes adoptent aisément la vie en communauté s'ils sont encadrés. Le groupe joue sur leur personnalité un rôle dynamisant.
Situation de la résidence / centre ville	Immeubles collectifs présentant une architecture uniforme parfois monotone et peu éloignée des stades ou des lieux de travail.	
Caractéristiques du cadre de vie	Se déplace très facilement. On peut parler de nomadisation professionnelle. Le Rythmique aménage son intérieur selon une conception pragmatique. Il adopte toutes les innovations techniques qui l'aident à organiser son espace, à gérer son activité : bibliothèques, bureaux, classeurs, installations électriques et appareils électro-ménagers. Il attribue à certaines pièces de l'appartement une fonction précise : dépendances de tous ordres.	

RÉSUMÉ : GROUPES SANGUINS ET VIE PROFESSIONNELLE

Quelle profession exerce-t-il ?	Comment s'adapte-t-il ?	Caractéristiques du comportement
	A - L'Harmonique	
Choisit une activité qui nécessite un investissement personnel important et non pas un métier où priment les relations avec autrui. Il s'agit de domaines artistiques et de création (littéraire ou scientifique, artisanat). Il doit demeurer indépendant et ne pas être contraint à de nombreux déplacements. Il n'est pas prompt à sauver une situation difficile et laisse empirer les problèmes. Il peut travailler au sein d'une petite équipe mais ne s'intègre pas à un groupe de travail important.	L'harmonie avec le milieu est fondamentale pour la poursuite de ses activités professionnelles dans les meilleures conditions. Si son équilibre est menacé, il se replie sur lui-même et parfois provoque même la rupture avec autrui.	A besoin d'un certain temps pour s'adapter à son milieu. Il est facilement influencé par son environnement jusqu'à vivre sous le joug de celui-ci. Il est davantage capable de recherche et d'approfondissement que d'une maîtrise globale des sujets. En ce sens, l'Harmonique a conscience du temps. Quand il assume des responsabilités, il sait attirer l'affection de ses subordonnés.
	0 - Le Mélodique	
Il opte pour une activité qui privilégie l'action et nécessite un dynamisme certain. De préférence il travaille en plein air et au sein d'un groupe. Ses métiers de prédilection concernent le commerce, les relations publiques, la publicité, le secrétariat, l'enseignement, la diplomatie, la médecine du travail ou de l'école. Son activité doit allier dynamisme et rigueur technique.	Une grande aisance dans l'adaptation à de nouveaux milieux ou de nouvelles connaissances le caractérise. Ainsi la frontière entre les activités concrètes et les activités abstraites n'est pas un obstacle pour lui. Il exerce des métiers différents au cours de sa vie et n'appréhende pas le changement d'entreprise. La diversité représente une de ses motivations principales.	Etre qui manifeste une grande vitalité et est doté d'une présence rayonnante. L'environnement influence beaucoup son tempérament mais il sait également l'exploiter à son profit. Il est davantage capable de maîtrise des problèmes dans leur ensemble que de recherches. Il est très conscient de la relativité et du temps qui passe.Peut exercer avec succès des responsabilités diplomatiques.

RÉSUMÉ : GROUPES SANGUINS ET VIE PROFESSIONNELLE

Quelle profession exerce-t-il ?	Comment s'adapte-t-il ?	Caractéristiques du comportement
	B - Le Rythmique	
Il s'épanouit dans des professions exigeant ténacité et rigueur. Il s'agit de travaux liés aux recherches menées dans les laboratoires (classement et contrôle), aux métiers militaires ou de la police. Son activité doit être sans cesse renouvelée et minutieusement organisée. Il se lasse vite d'une profession où les changements sont trop nombreux et trop soudains.	Incapable d'adopter un autre rythme que le sien, il ne pourra s'acquitter de sa tâche qu'à condition d'en avoir pleinement compris toute la finalité. En outre son activité doit nécessairement être justifiée à ses yeux.	C'est un esprit résolu, tenace, parfois sclérosé par des principes figés, souvent partial, mais qui fait preuve d'exactitude et de minutie. Il se laisse difficilement influencer et sait exploiter la situation à son profit. Le Rythmique domine ses émotions et a une pleine conscience du temps. Se révèle être un chef redouté.
	AB - Le Complexe	
Ses métiers de prédilection concernent les domaines scientifiques et techniques. Qu'il s'agisse d'agriculture, de soins à dispenser ou de commerce, le Complexe recherche avant tout les relations avec autrui, le mouvement et la variété.	L'abondance et la contradiction de ses aptitudes le paralysent devant l'action. Cependant la présence d'un individu de groupe 0 l'aide à s'épanouir et à exploiter entièrement ses capacités.	Particulièrement sensible à son environnement, il capte toutes les ambiances positives ou négatives et les restitue dans son comportement. Angoissé, il éprouve quelques difficultés à mener une action à long terme. Se manifeste comme un chef à la fois déconcertant et très humain.

VIII

ÉVOLUTION DU TEMPÉRAMENT EN FONCTION DE L'ÂGE

Le tempérament, qui caractérise l'énergie structurante, oriente la relation avec le milieu extérieur. Il ne diffère pas des autres fonctions, aussi bien physiques que psychiques, en cela qu'il connaîtra, comme celles-ci, des phases successives de formation, d'autonomie, d'épanouissement et, enfin, de déclin. Les considérations que nous venons d'exposer sur les quatre grands groupes tempéramentaux **concernent surtout la période d'épanouissement** qui couvre la tranche d'âge 20-50 ans. Il est donc essentiel de connaître les importantes variations du tempérament en fonction de l'âge, celui-ci représentant l'un des facteurs de fluctuations les plus considérables.

Les fonctions Harmonique, Mélodique et Rythmique coexistent naturellement en chaque individu avec, pour chacun, une dominante liée au groupe sanguin. Pourtant, au cours de l'existence, chacune de ces fonctions connaît une phase prédominante par rapport aux autres. On peut donc en gros déterminer quatre périodes importantes dans la vie :

1. La période de construction et de création, où domine la fonction **Harmonique** (A) ; c'est l'enfance et l'adolescence, de 0 à 21 ans approximativement. (On sait qu'on retrouve des phases successives de sept ans liées à l'acquisition des différentes fonctions physique, affective et mentale. L'enfance est liée au développement physique.)

2. La période de communication et d'adaptation où domine la fonction **Mélodique** (0), avec le développement des relations affectives et sociales, qui concerne toute la phase du jeune adulte (premières amours, entrée dans la vie professionnelle, mariage, naissance et éducation des enfants) : de 21 à 35 ans.

3. La période de structuration et d'application où domine la fonction **Rythmique** avec prédominance de la structure intellectuelle appliquée au champ d'action environnant, avec prise en charge de l'autorité familiale et professionnelle et adoption d'un rythme de vie propre : de 35 à 63 ans.

4. Une période **Complexe** de fin de vie : de 63 ans à la mort.

Toutefois, tout comme le développement physique (Harmonique) débute avant la naissance, la fonction Mélodique commence avant sa phase dominante (dès 14 ans), et la fonction Rythmique également.

1.La période Harmonique : de la naissance à 21 ans environ

- De la naissance à 14 ans

Le matin de la vie est comme le matin du jour, plein de pureté, d'images et d'harmonie, disait Chateaubriand.

Dès la naissance, la fonction Harmonique prédomine. Le nouveau-né et le petit enfant présentent, comme le sujet Harmonique (de groupe A), une hypersensibilité au milieu extérieur. A la naissance son organisme n'est pas complètement élaboré, ses agents d'autodéfense formés par les agglutinines présentes dans le sang, se développent peu à peu. Son système nerveux central s'élabore : il est alors très fragile. C'est en particulier l'âge où les convulsions peuvent être le plus fréquentes.

Ceci est valable pour tous les enfants mais plus précisément pour ceux de sang A dont la maturation du système nerveux central est la plus tardive parmi les groupes sanguins. Il faut donc diminuer au maximum les agressions du milieu extérieur : suralimentation, excès de froid ou de chaleur, etc. L'enfant est hypersensible à l'ambiance affective qui l'entoure et possède une soif profonde d'amour, d'action et de connaissances. Il est tout de suite prêt à aimer et communie facilement avec tout son entourage. Il est tout amour et cet amour se porte également pendant certaines périodes (considérées comme sensibles) sur les objets ; Léone Bourdel a pu évoquer à ce sujet un *amour de l'ambiance.* Il s'agit d'une réceptivité affective qui boit littéralement, absorbe et se nourrit de tout ce qui vient du monde adulte.

Fondamentalement, l'enfant ne fait que ce qu'il aime. Mme Montessori a évoqué à ce sujet l'idée d'un *accumulateur d'amour.* Il ne connaît ni la paresse, ni la colère, ni la peur, tant qu'on ne les lui a pas apprises. Son besoin de justice est immense et lorsqu'il est brimé, il développe facilement de l'auto-accusation débouchant sur des complexes de culpabilité. L'enfant est très sensible aux détails, aux variations de ton, témoignant de changements affectifs, par exemple. Il ne met jamais en doute la parole de l'adulte. Il possède un sens profond de la beauté. Son intelligence est avant tout syncrétique, c'est-à-dire globale et essentiellement **créatrice**.

Le premier âge correspond en effet à la fonction physique de l'être, qui est mise en mouvement par la volonté, mode d'action créateur exprimant dans le monde extérieur le vécu intérieur. L'enfant est entièrement centré sur lui-même, égocentrique, sans que ce terme implique de notion péjorative ; cet égocentrisme, basé sur une totale réceptivité, une absorption de l'environnement et de ses diverses nourritures physique, affective et mentale, étant une phase naturelle de construction de soi avec assemblage des divers matériaux nécessaires.

Cette fonction est constructive et créative chez le petit enfant, sans interférence affective, et encore moins mentale. L'enfant se crée un corps et, par l'absence de barrière entre ses sensations immédiates et sa conscience, peut recréer extérieurement le ressenti corporel global vécu à travers ses cinq sens, ce qui lui permettra de développer ultérieurement les fonctions affective et mentale. Il exprime donc son besoin créateur qui est essentiellement Harmonique, entier. Les dessins d'enfants, par exemple, sont Harmoniques ; ils synthétisent un ressenti qui n'est pas analysé ; d'où l'importance des grands archétypes et symboles représentés à l'état brut : soleil, maison, arbre, nuage, papa, maman, enfant, sont des éléments universels, exprimés d'une manière étonnamment similaire dans tous les dessins d'enfants, quelles que soient leur race, leur ethnie et leur culture.

L'enfant apprend par l'exemple : c'est un imitateur-né qui pourra s'intégrer au monde adulte grâce à sa suggestibilité. Il est généralement discipliné, obéissant, et travaille avec beaucoup de bonne volonté. N'a-t-on pas dit de la volonté qu'elle était *l'harmonie affective* ? Ce terme caractérise l'enfant à cette période de sa vie puisque, comme nous l'avons vu, l'être entier s'investit dans la volonté créatrice ; l'affectivité et la fonction intellectuelle, en gestation, étant fondues dans la volonté et incapables à ce stade de la dévier de son but, toute cause d'inhibition doit être cherchée dans le milieu familial, parental. Etant donné que l'enfant est entièrement dans la volonté, il n'est pas, de nature, enclin à la paresse. C'est le plus souvent l'adulte, en ne le stimulant pas assez ou pire en le décourageant, qui entraîne une diminution des forces vitales et créatrices, ainsi qu'une diminution de la confiance en soi. Le même résultat peut survenir si les parents sont au contraire continuellement derrière l'enfant et, à trop vouloir l'aider, le déresponsabilisent.

L'enfant aime le travail et la difficulté, s'ils sont à sa mesure. Les parents doivent savoir les doser et éviter à l'enfant à la fois une facilité ou une difficulté trop grandes, toutes deux démotivantes. En règle générale, l'enfant est beaucoup plus stimulé et attiré par la difficulté que par la facilité. Ce qui caractérise, en raison de son égocentrisme, la petite enfance, alors qu'elle se trouve padoxalement dans la phase de dépendance la plus grande, c'est son aspiration à l'autonomie : une des plus belles capacités humaines n'est-elle pas la faculté de réaliser soi-même quelque chose ?

Dès la naissance est présente une grande avidité, expression de son égocentrisme en même temps que preuve de sa vitalité ; l'enfant développe une gloutonnerie tous azimuts. Il veut accumuler les connaissances, l'action, l'amour, la réussite, etc. Ses désirs insatiables se manifestent avant tout par la curiosité. L'éducation aura intérêt à respecter cette avidité en s'efforçant de ne pas la tarir ni de la satisfaire excessivement. On n'aura pas intérêt par exemple à “gâter” les enfants, surtout pas avec des jouets trop perfectionnés, ne laissant guère de place à leur initiative, leur imagination et leur activité créatrice.

Après l'attention, c'est l'imagination qui apparaît pour recréer des situations vécues et les maîtriser intérieurement. Il suffit d'observer, par exemple, le comportement d'une fillette à l'égard de ses poupées. Il est frappant de constater la diversité et l'intelligence des scénarios inventés par la petite maman et les relations affectives qui la relient à ces objets. L'intelligence est évidemment dominée par le ressenti, de même que la mémoire qui s'attache principalement aux situations et aux êtres chers avant d'englober les chiffres et le verbe. La mémoire des nombres et des mots n'apparaît généralement qu'après sept ans.

Tous les enfants de la naissance à environ sept ans sont donc influencés par une fonction Harmonique agissant presque à l'état pur. Celui qui correspondra le mieux à ce qui vient d'être dit est cependant l'enfant Harmonique (de sang A) et celui qui le sera le moins sera l'enfant Rythmique, de groupe sanguin B. Puis, en gros à partir de sept ans, l'âge de raison, débute une sous-période où la fonction Harmonique, toujours dominante, va peu à peu se tempérer de tendances Mélodiques, l'affectivité sociale et la communicabilité commençant à se développer avec les relations familiales, puis amicales.

L'âge de raison, qui n'est pas appelé ainsi par hasard, est à la fois celui de la prise de conscience par l'enfant de lui-même (fonction Harmonique) et de son environnement (fonction Mélodique) : il s'autonomise davantage par rapport au milieu extérieur et expérimente ses premières relations sociales, d'égal à égal, avec ses petits camarades de classe.

Toutefois la fonction Harmonique, de création et de construction de soi, englobant le milieu ambiant pour l'intégrer à son monde intérieur, continue de dominer largement jusqu'à l'adolescence.

Les fonctions Rythmiques commencent aussi à montrer le bout de leur nez, mais sont nettement à l'arrière-plan, le mental n'étant pas du tout structuré. Nous avons un être toujours très sensible, à l'intelligence encore essentiellement globale, sensitive et responsive, qui commence à mesurer ses forces contre le milieu extérieur, par rapport auquel il se sent petit à petit plus autonome. Il cherche à suivre son propre rythme et commence à prendre des initiatives, dans ses loisirs par exemple.

Pendant cette période de construction de sa personnalité, l'enfant a besoin de limites, de frontières précises. Il est particulièrement disposé à accepter les rites d'une discipline à condition qu'elle ne soit pas au-dessus de ses forces ; il risquerait alors de baisser les bras et de développer à la longue un tempérament de vaincu. Dans ce périmètre il peut développer au mieux tout ce qui lui permettra de faire face à l'environnement pour pouvoir ensuite agir et collaborer avec celui-ci. Il lui faut, comme disait Rabelais, *frotter sa cervelle contre celle des autres*. Il cherche à affirmer sa personnalité et, à cette occasion, peut se montrer dur, voire bagarreur. Le goût de l'action se fait jour chez le garçon, le sport prend une importance de premier ordre. Chez les filles le scoutisme, la vie sauvage au grand air, éventuellement l'école buissonnière, développent un certain attrait.

A la fin de cette période, coïncidant avec le début de la puberté, apparaît ce que l'on appelle l'âge ingrat, l'enfant se montrant, en effet, souvent moins affectueux, en tout cas moins démonstratif, envers ses parents.

- De 14 à 21 ans
L'adolescence

Entre treize et seize ans l'organisme connaît un bouleversement sans précédent depuis la naissance. Le thymus qui avait joué jusque-là un rôle très important dans la croissance s'atrophie. Les organes sexuels secondaires apparaissent tandis que se développent les glandes génitales. La taille fait généralement un bond important, de l'ordre d'une vingtaine de centimètres en trois ans. Le sujet se déploie également en largeur : parfois ses mouvements deviennent gauches ; sa peau peut se couvrir d'acné dite "juvénile" et les poils de barbe apparaissent chez les garçons.

L'adolescence marque le début du développement de la fonction Mélodique, lorsque les relations sociales, affectives et sentimentales, et la communication prennent de l'importance par rapport au monde intérieur et à la fonction créatrice.

Les adolescents toutefois, sont encore fortement marqués par la fonction Harmonique : idéalisme, besoin créateur, sont très présents, et il tient aux éducateurs de tout faire pour ne pas les étouffer sous les contingences et les obligations sociales. Leur besoin extrêmement fort d'émancipation vis-à-vis du monde parental se double d'une aspiration à des relations "horizontales" avec des jeunes de leur âge, soit des bandes d'adolescents, soit des relations plus privilégiées, grandes amitiés adolescentes et premières amours.

Chez le jeune de cet âge cohabitent le rêve et la communication : la fonction Harmonique favorise toujours l'expression de sa vibration sensible et émotive, mais avec la nouvelle fonction Mélodique, l'adolescent aspire à la transmettre ; la sensibilité intérieure s'extravertit. Bon nombre de jeunes de cet âge écrivent des poèmes, se passionnent pour l'expression artistique d'aujourd'hui : chanson et cinéma.

L'adolescent s'intégrera volontiers à un groupe cherchant à agir affectivement sur le monde extérieur. Ce genre de groupe peut avoir pour vocation de réaliser des œuvres charitables ou moralement neutres (art, sport, découverte, etc) mais peut également commettre des actes antisociaux de niveau variable au moyen desquels il essaie de s'affirmer et d'être reconnu. Il s'agit d'une forme de communication déviée, voilée. Il est moins question pour le jeune de s'adapter à une bande que de s'associer à d'autres adolescents afin d'agir plus efficacement sur l'environnement social ; il y a d'ailleurs relativement peu de sociabilité profonde à l'intérieur de tels groupements ; sauf exception les jeunes constituant une bande passent facilement de l'une à l'autre. Ce n'est qu'après vingt-et-un ans, lorsque la fonction Mélodique, avec la socialisation affective, sera complètement structurée, que l'amitié, premier échelon de la sociabilité, apparaîtra vraiment et créera des liens plus durables et profonds.

L'adolescent est facilement intolérant, et parfois sectaire, en raison de sa vision idéaliste, absolue de la vie, soutenue par des sentiments entiers et passionnés, que ne vient pas entamer le doute intellectuel.

S'il continue à formuler de nombreux *pourquoi,* il accorde cependant un intérêt spécifique aux réponses qui lui sont données. Ceci peut être considéré comme nouveau, puisque lors de la période précédente l'enfant posait des questions en toutes occasions mais ne s'intéressait pas vraiment aux réponses, plus fasciné par l'enchaînement successif des questions.

Il convient d'utiliser au mieux les possibilités créatrices de cette période. C'est là que l'on prend conscience de l'importance de la psychobiologie en matière d'éducation. Bien que l'adolescence soit dans notre société la période consacrée aux études et à l'apprentissage professionnel, ce n'est pas la période d'acquisition des facultés logiques et rationnelles. La fonction Harmonique, liée à la création et à la construction du corps, joue encore un grand rôle à l'adolescence : c'est la période du développement sexuel et donc de son corollaire, l'affectivité et la sentimentalité amoureuse (fonction Mélodique impliquant une extériorisation de la sensibilité), phase qui n'atteint son plein épanouissement qu'à vingt-et-un ans environ (âge traditionnel de la maturité civique, donc de la maîtrise supposée de ses sentiments et passions, de ses réactions affectives face à un problème, du moins en théorie). Le développement intellectuel n'intervient pleinement qu'ensuite et ne parvient pas à maturité avant vingt-huit ans, âge où le jeune adulte commence à assumer ses responsabilités professionnelles et familiales.

L'acquisition de connaissances par l'enfant, et surtout l'adolescent, répond à son avidité globale envers la vie au niveau primaire, à sa curiosité, base de l'éveil intellectuel, et à sa soif idéaliste d'absolu, le jeune espérant trouver dans l'acquisition des connaissances enseignées des réponses à ses questions fondamentales sur le sens de la vie (fonction Harmonique). On retrouve aussi cette aspiration et cette curiosité dans le goût des voyages qu'éprouve la jeunesse, fonction typiquement Mélodique de recherche de contacts sociaux nouveaux. Il y a gros à parier qu'il va vite déchanter et que cette quête sera le plus souvent vouée à l'échec dans le cadre de l'enseignement actuel, fondamentalement intellectuel.

La fonction Mélodique se structurant, la relation professeur-élève remplit un rôle social important ; il est primordial que l'éducateur donne la priorité à l'expressivité (Harmonique) de l'enfant et au développement des moyens de la communiquer (Mélodique) par un dialogue guidé.

Tant l'autoritarisme absolutiste d'un autre âge que la permissivité laxiste sont à éviter. Il faut à l'élève un maître, un exemple auquel il puisse se référer, s'identifier, recevoir de lui un enseignement de vie, et lui exprimer, lui redonner, lui communiquer ce que ce maître a aidé à épanouir en lui (Mélodique).

Le film américain *Le Cercle des Poètes Disparus* présente d'excellente manière les problèmes propres à l'adolescence et certains moyens d'y remédier par une pédagogie vivante, respectueuse de l'humanité de l'élève. Les difficultés d'expression des jeunes, leur idéalisme et leur enthousiasme (Harmoniques), les problèmes de communication parent-enfant, professeur-élève, garçon-fille (Mélodiques), la rigidité (Rythmique) de certains adultes, et la synthèse de ces fonctions chez le professeur d'anglais (interprété par Robin

William), personnage Mélodique Harmonique utilisant la fonction Rythmique de façon souple et adaptée, toutes ces situations et caractères sont dépeints avec une émouvante délicatesse et une admirable justesse de ton. Il n'est qu'à rappeler l'écho suscité par cette œuvre dans les milieux lycéens.

Si les fonctions Harmonique et Mélodique, correspondant au développement physique, affectif et relationnel, sont bien parvenues à maturité, les facultés Rythmiques, intellectuelles, pourront s'y greffer sans difficultés en temps voulu, sans qu'elles empiètent sur le terrain d'action des premières, comme c'est le cas dans l'école actuelle.

L'intelligence humaine se développe à travers un physique et une affectivité sains, équilibrés, épanouis, ni excessifs ni inhibés, dans le respect de la personne et des sentiments d'autrui, et non seulement par l'intellect dont les facultés, présentes en germe, atteindront à leur épanouissement plus tard.

L'adolescence est la période de la plus grande fragilité quant aux répercussions d'éventuelles difficultés psychologiques ou physiques. Un choc psychique dû, par exemple, à un divorce parental, ou un accident physique peuvent avoir les plus fâcheuses conséquences sur la vie scolaire de l'enfant. Ses futures capacités analytiques et synthétiques, ses activités professionnelles, sa vie sociale et affective, risquent d'en être fortement perturbées si l'assise Harmonique-Mélodique est déficiente.

L'adolescent se trouve dans une crise pénible : l'Harmonique et le Mélodique coexistent sans s'équilibrer car la troisième fonction, Rythmique, manque encore et la dualité qu'il vit est perturbante, déchirante, même, pour certains. Elle entraîne des hésitations et des chamboulements incessants de la personnalité. L'individu va chercher la communication et le contact avec le monde environnant (en bon Mélodique qu'il est en train de devenir) ; il va chercher à laisser sa trace mais restera très sensible à toute manifestation négative que ce milieu pourrait développer à son égard. Les variations physiologiques inhérentes à cet âge correspondant aux mutations du plan psychologique sont d'une telle ampleur que L. Bourdel a qualifié cette période de *volcanique*.

C'est parce que notre société hyper-intellectualisée veut lui imposer son mode de pensée (Rythmique), que l'adolescent occidental présente un comportement global si spectaculairement heurté, une vie affective et mentale si pleine de contradictions et une telle instabilité. Garçons et filles apparaissent parfois décevants, grotesques et deviennent, à la limite, insupportables, si l'on ne comprend pas à quel point leur situation est inconfortable. Les sociétés primitives, non intellectuelles, par une initiation rituelle, respectent le développement sexuel et psychique de l'adolescent et facilitent son passage paisible à l'âge adulte. (N'allons toutefois pas penser que nous prônons par là un retour à la vie sauvage et instinctive !)

La fonction Mélodique, éminemment sociale, porte les adolescents à rechercher une identité (notion en elle-même Harmonique) collective ; les différences individuelles s'estompent, ainsi que celles entre les sexes ; garçons et filles s'habillent, se coiffent de la même manière stéréotypée, "unisexe" : "jeans", "t-shirt", etc. L'attention diminue, les capacités manuelles passent à l'arrière-plan. C'est l'âge où l'emploi du temps doit être strict et bien rempli, les activités physiques équilibrées par rapport aux activités sociales et intellectuelles. Tout travail monotone doit être écarté de crainte que l'énergie ne se retourne contre le sujet qui risquerait de sombrer dans la dépression voire, dans certains cas, aller jusqu'au suicide dont l'idée d'ailleurs n'est pas rare à cet âge, tant l'angoisse devant la vie et ses épreuves est grande et prématurée. Le passage à l'acte demeure toutefois exceptionnel, la mort étant vécue plutôt sur le plan symbolique, comme une transition de l'enfance à l'âge adulte.

C'est pour l'adolescent de sang AB que cette période sera la plus critique, son instabilité naturelle, ses tensions, étant exacerbées ; c'est alors qu'il aura besoin du maximum d'aide.

Quant au jeune de sang A, il vivra difficilement le décalage de plus en plus fréquent entre son idéal et une réalité beaucoup moins enthousiasmante.

L'adolescent cherchant à prendre place au milieu des adultes, des conflits de générations peuvent surgir, car on assiste aux premières armes de la fonction Mélodique qui est loin d'être acquise et maîtrisée. Souvent surgissent des tensions entre père et fils résultant d'un sentiment réciproque de rivalité. On trouve alors des comportements de dévalorisation vis-à-vis du rival, jeune ou vieux, qui peuvent aller jusqu'au rejet. Si les tendances Mélodiques d'extraversion et de communication avec le monde extérieur sont refoulées par les adultes, l'adolescent risque de connaître des difficultés psychologiques pouvant le conduire à des processus autodestructifs qui se manifestent chez certaines adolescentes par de l'anorexie mentale.

2. La période Mélodique : de 21 à 35 ans

- De 21 à 28 ans

A partir de vingt-et-un ans environ, l'organisme physique est mature et atteint l'apogée de sa forme et de son développement ; la fonction Mélodique, affective et sociale, joue à plein sans toutefois être maîtrisée, ce qui nécessite le plus souvent un long apprentissage et le contrôle du mental qui n'est pas intégré avant vingt-huit ans. La poussée biologique qui avait occupé le devant de la scène s'estompe pour laisser place au monde environnant, au milieu extérieur, qui revêt à présent une importance fondamentale, en raison de la pulsion affective qui pousse l'individu à l'échange avec autrui.

La sexualité, pleinement développée du point de vue physiologique, se sensibilise (Harmonique) et se socialise (Mélodique) : c'est la grande période du mariage qui devrait assurer la stabilité indispensable aux enfants à naître. Il serait pourtant judicieux d'attendre la trentaine, le temps que la fonction Rythmique, associée à l'acquisition des facultés mentales, soit bien intégrée à l'être, lui permettant de mieux contrôler ses pulsions et ses sentiments, de prévoir et d'assumer ses responsabilités conjugales et familiales.

C'est l'époque où l'on trouve un certain plaisir à faire fonctionner son corps au mieux de sa forme. L'individu s'ouvre au monde et aux autres ; la bonté, le tact, la tolérance, la courtoisie (Mélodiques) apparaissent ou réapparaissent. Ces qualités préexistaient chez l'enfant de sang 0 (Mélodique). L'individu perd de son égoïsme et se consacre plus aux autres, le milieu prenant désormais une importance primordiale.

La période 21-28 ans est également celle de l'entrée dans la vie professionnelle. Le sujet s'engage dans la compétition, se prend au jeu du "challenge" pour se hisser sur l'échelle sociale. Cette intégration dans le milieu du travail revêtira pour le sujet Harmonique un aspect plus problématique que pour le Mélodique. Il sera plus difficile à l'Harmonique de réussir cette adéquation, cette intégration au milieu extérieur, d'entrer en résonance avec le monde social. Quant au Rythmique, c'est le plus entreprenant et le plus volontaire du lot.

- De 28 à 35 ans

L'apparition de la fonction Rythmique

Trente ans fut considéré longtemps comme un âge charnière ; on disait de quelqu'un qu'il avait "passé la trentaine" pour signifier qu'il n'était plus dans sa première jeunesse. C'est qu'à trente ans, outre le fait que les fonctions Mélodiques sont à leur apogée et que l'être est en excellente harmonie avec la société, il jouit maintenant de ses facultés intellectuelles qui, à partir d'environ vingt-huit ans, sont acquises pour l'essentiel et commencent à fonctionner à plein.

A trente ans environ, l'individu peut donner libre cours à sa nature profonde, les relations de toute sorte (amicales, professionnelles, sexuelles, affectives) avec le monde environnant étant développées au maximum. Il est adapté de la façon la plus harmonieuse qui soit à la vie en société ; il se délecte d'interactions et d'échanges, mettant à contribution un organisme équilibré et épanoui, plein d'aisance. Il jouit du présent sans crainte de l'avenir et sans trop se retourner sur son passé.

L'Harmonique, s'il est toujours influencé par sa sensibilité, est au mieux de son adaptabilité. Le Mélodique est au maximum de sa forme, le Rythmique tient compe des stimuli du monde environnant mais son côté utilisateur croît de jour en jour. Quant au Complexe, il demeure toujours influencé par ses conflits internes, mais son adaptabilité est au plus haut.

L'individu de vingt-huit à trente-cinq ans dispose donc des fonctions Harmonique, Mélodique et Rythmique ; la créativité Harmonique ayant été momentanément mise en veilleuse par l'extériorisation Mélodique, celle-ci va désormais être de plus en plus contrôlée par la fonction Rythmique qui sera à son maximum vers trente-cinq ans, âge où l'homme commence à assumer des responsabilités plus élevées au niveau professionnel.

3. La période Rythmique : de 35 à 63 ans

- De 35 à 42 ans

La fonction Rythmique va aider l'être à ne plus être la proie de sa sensibilité excessive (Harmonique) ni l'objet des convoitises d'autrui par un éparpillement superficiel et désordonné de ses énergies (Mélodique). Au nom de l'utilité et de la rentabilité, la fonction Rythmique pousse l'individu à sélectionner ses relations, ses amitiés, à organiser ses activités et ses loisirs, à hiérarchiser ses envies et ses sentiments, selon son propre ordre de valeurs.

Il commence à être capable de raisonner logiquement par lui-même et ce début d'autonomie mentale se conjugue à son aisance sociale. Cela lui permet d'assumer ses responsabilités professionnelles et familiales en apprenant le contrôle de soi, la mesure, la pondération, la prévoyance. Le caractère entier de l'Harmonique s'affine et se modère sous le regard scrutateur de l'intellect, au risque, hélas fréquent, de perdre de son idéalisme au contact des réalités matérielles que la fonction Rythmique, intéressée, calculatrice et objective, privilégie. La fonction Mélodique est endiguée, sinon freinée, l'être commence à effectuer un tri dans ses sentiments, ses échanges, et à imposer à ceux-ci son autorité, ses méthodes, son rythme propre.

Si les relations de l'Harmonique avec le milieu environnant étaient de type réceptif, celles du Mélodique de type horizontal, avec échanges réciproques, celles du Rythmique sont plutôt de type émissif.

La fonction Rythmique, intellectuelle, logique, rationnelle, tempère l'affectivité, limite la socialisation à l'utile, si ce n'est le nécessaire et le rentable. Le revers de la médaille est le risque de dessèchement, de perte de spontanéité et d'ouverture aux autres. L'individu peut devenir hyper-autoritaire ou hyper-soumis à une discipline, en se renfermant sur lui-même, dans son propre rythme de vie et son mode de pensée, et revenir à un égoïsme stérilisant et désensibilisé au fur et à mesure que le temps passera et que les deux autres fonctions s'amenuiseront si elles sont étouffées ou négligées.

- La quarantaine

Comme le dit Dante dans la *Divine Comédie,* quarante ans est le milieu du chemin de la vie. Tel un voyageur, il se retourne, arrivé à cette étape de son périple et contemple le chemin parcouru ; il fait ce que l'on appelle, en terme de marine, le point. La fonction Rythmique va maintenant rester sur le devant de la scène pour de longues années. Au plan physique, il a acquis une certaine endurance qui le met relativement à l'abri des hauts et des bas de la jeunesse. Il est moins fatigable, sait doser efficacement ses efforts ; il prévoit mieux les résultats des influences et événements extérieurs et contrôle mieux ses réactions à ceux-ci.

Mélodique-Rythmique en début de période, vers vingt-huit à trente-cinq ans, il va passer par une phase Rythmique-Mélodique, puis Rythmique pure, à partir de quarante-deux ans environ.

Il va alors utiliser au mieux de ses intérêts les êtres et les choses, et au besoin pourra encore facilement s'adapter. Son avidité est au maximum ; il devient plus égoïste, attiré par les plaisirs de la vie, la bonne chère, le sexe, etc. Sa sensibilité s'émousse tandis que persiste et s'accentue son sens de l'action, et qu'il cherche à imprimer sa marque sur le milieu environnant.

La volonté se renforce, l'autorité également, dans le sens d'une action extérieure. C'est la période d'envol des hommes politiques de tous bords. L'homme dans la quarantaine est profondément pragmatique, il développe une certaine "soif de vaincre" et s'efforce de se pousser devant les autres. S'il a pu se hisser à un poste à responsabilités, il n'hésite pas à se mouiller. Au cours de cette période, l'Harmonique est encore un peu hésitant, tant sa sensibilité influe sur l'ensemble de son être. Chez le Rythmique pur, les tendances évoquées ci-dessus sont encore plus affirmées. Pour le Mélodique, c'est la période de la plus grande efficacité car les qualités Rythmiques réajustent et réorientent vers le succès ses possibilités de communication.

- La cinquantaine

A partir de la cinquantaine, la fonction Rythmique parvient à une totale hégémonie. Hommes et femmes ont tendance à se comporter comme des sujets de sang B, quoique les autres types sanguins restent malgré tout influencés par leur tempérament d'origine. Comme le tempérament B, l'homme de la cinquantaine et au-delà éprouve le besoin de maîtriser toutes les données du problème avant l'action ; il lui faudra impérativement comprendre avant d'agir. Le règne des idées s'instaure.

Il devient persévérant, patient, précis et prudent. Son attention est plus sélective ; son action évolue avec ponctualité, efficacité et régularité et néglige tout ce qui ne l'intéresse pas. Son intelligence est plus analytique, ses facultés de synthèse diminuent. Il devient sélectif dans le domaine de la mémorisation, ne faisant plus intervenir sa mémoire que pour ses propres centres d'intérêt ; la mémoire lointaine s'accroît, celle des chiffres demeure efficace. Par contre l'imagination décroît et s'oriente elle aussi de plus en plus vers le rendement. Son penchant pour l'autorité et l'ordre s'affirme, tandis que l'égocentrisme tend à reprendre le dessus, les tendances philanthropiques et altruistes tendant à s'estomper.

Le sang-froid progresse, de même que le goût Rythmique pour les automatismes, aussi bien au plan physique qu'au plan intellectuel, avec une rigidité psychique pouvant frôler le sectarisme. Son acuité visuelle et auditive diminue ; il supporte de moins en moins le bruit des autres et recherche le calme. Il peut survenir des difficultés d'adaptation à de nouvelles situations : manipulation de machines complexes comme l'ordinateur, ou simplement nouveaux locaux ou nouveau domicile. L'être se solidifie dans ses habitudes et continue à œuvrer dans le sillon qu'il s'est tracé.

L'Harmonique retrouve, à partir de la cinquantaine, le tempérament qui était le sien entre sept et quinze ans. Il garde sa sensibilité toujours vibrante mais évolue selon son rythme personnel sans trop se soucier de l'opinion d'autrui. Il a perdu une partie de ses illusions mais a acquis une solide expérience des choses. Il cherche à tout prix à garder une intimité qu'il ne partagera qu'avec les siens.

Le Mélodique cherche de plus en plus à influencer son milieu mais toujours selon un mode adapté. Il sait toujours mieux utiliser les choses et les personnes passant à sa portée.

Le sujet de sang B, pour sa part, devient un Rythmique pur, correspondant très précisément à la description que nous venons d'en faire.

4. La période Complexe de fin de vie : à partir de 63 ans

Chez l'individu moyen intervient ensuite, à partir de la retraite et même beaucoup plus tôt dans certains cas, lorsque l'hygiène de vie physique et psychique n'est pas respectée, une phase de dégénérescence progressive. Comme le sujet de type Complexe est un actif, si cette période n'est pas remplie par des activités motivantes, elle sera vécue comme une épreuve où le sentiment de vieillesse et d'inutilité débouchera sur la dépression et la maladie.

Il paraît judicieux d'évoquer ici le problème de l'activité de fin de vie. Bertrand de Jouvenel, le commandant Cousteau et tant d'autres sont là pour prouver qu'une activité, quelle qu'elle soit, est possible et conseillée jusqu'à un âge très avancé. Il nous paraît souhaitable de ne diminuer en rien ses habitudes actives après la cinquantaine, ni sur le plan physique ni sur le plan intellectuel ; on peut les modifier, s'adonner à certains hobbies pour lesquels le temps manquait jusqu'alors. En Inde, cette période est celle où les chefs de famille abandonnent leurs responsabilités familiales et matérielles, et se consacrent à la vie spirituelle.

On peut considérer que tout est affaire d'entraînement et que des conditions d'existence accompagnées d'une dépense physique et d'un entretien intellectuel permettent des performances élevées, surtout au plan mental, jusqu'à la fin de la vie. Combien de fois avons-nous vu des catastrophes suite à des mises en retraite imprévues, principalement de cadres supérieurs ayant tout investi dans leur travail professionnel, qui se retrouvent complètement désemparés, et développent des troubles psychosomatiques pouvant aller jusqu'au décès.

Les diverses fonctions se détériorent alors progressivement selon le tempérament, le terrain, et un déséquilibre croissant entre les plans physique, affectif et mental, s'instaure, l'individu passant par des cycles successifs de maladie et de relative amélioration, de hauts et de bas psychiques, euphoriques puis dépressifs, des phases de solitude et de socialibilité, de sédentarité et de bougeotte, générant de l'angoisse et du pessimisme avec un indubitable effet néfaste sur la santé.

On assiste alors à une période de type Complexe négative où prédomine l'une ou l'autre des fonctions au détriment des autres selon les moments et les aléas de la vie.

Encore une fois la conception Rythmique, intellectualisée, de notre société de consommation, basée sur la rentabilité, imposant son rythme de travail et de loisirs aux personnes "actives" est en grande partie responsable de cet état de fait. Toutes occupations autres que celles considérées comme utiles et rentables sont tout au plus tolérées, le rythme épuisant du travail n'autorisant pas de toute façon de s'y adonner en dehors des périodes de congés. Les loisirs ne sont que des exutoires, rarement capables de remplir de manière satisfaisante les longues journées de la retraite. Pour les grandes masses salariées, qui n'ont pu pour la plupart expérimenter créativement la gestion de leur travail et de leur vie, la brusque inactivité et l'incapacité d'organiser leur temps de manière constructive et créatrice est synonyme de vide et de totale inutilité. Il ne reste plus qu'à attendre la mort.

Pourtant, de toute évidence, le destin de l'être humain n'est pas de perdre au fil des ans, par une inéluctable décrépitude, les facultés reçues de la nature à sa naissance et les acquis dus à ses efforts, ce qui n'aboutirait qu'à démontrer l'absurdité de son existence.

Il semble tout au contraire qu'il soit né pour faire croître ses qualités de manière optimale, en utilisant son tempérament de base, en partie lié au groupe sanguin, qui constituera toujours et à n'importe quelle période la trame de toutes ses entreprises, afin de développer également ses autres fonctions de manière harmonieuse et devenir un être équilibré physiquement, affectivement et mentalement.

Dans l'idéal donc il sera en fin de vie un individu accompli. Bien que rares, de tels êtres existent, et leur dynamisme, leur joie de vivre, leur bonté et leur sagesse rayonnent sur leur entourage.

La dernière phase de vie devrait être ainsi une période Complexe, non plus au sens d'un individu déphasé et déchiré entre différentes tendances contradictoires qu'il subit les unes après les autres, mais au sens d'un être ayant réussi à développer et maîtriser au mieux ses diverses possibilités, à assumer et unifier ses contradictions pour en faire une harmonieuse synthèse.

IX

INFLUENCES DE LA PSYCHOBIOLOGIE SUR LA FORMATION ET LA VIE DU COUPLE

Les mariages sont comme les melons, disent les Espagnols, parfois ils sont bons.

Pendant longtemps en Europe les mariages ont été arrangés par les familles pour des raisons économiques (cf. Molière : *L'Avare, Le Malade imaginaire,* etc.), et à l'heure actuelle, dans d'autres régions du monde, ils sont toujours organisés par des tierces personnes. La polygamie, qui représente à nos yeux l'exemple même du mariage sans amour, est tolérée dans de nombreux pays, qu'il s'agisse de polygynie ou de polyandrie. Ces mariages représentent toutefois, selon Claude Lévi-Strauss, un facteur de progrès social pour les tribus qui les pratiquent. Il n'y a d'ailleurs pas de raisons de privilégier, comme nous le faisons en Occident, le rôle de l'attrait sentimental et sexuel - forcément instable et de courte durée s'il n'est pas fondé sur un amour solide - qui est à la base de la majorité des unions dans nos sociétés, plutôt qu'un mariage "de raison", arrangé, où l'amour peut naître par l'accord progressif des conjoints.

A notre époque et sous nos cieux, la formation des couples est, semble-t-il, laissée au hasard. *Le hasard n'existe pas,* disait pourtant Giraudoux, avec raison pensons-nous. En réalité le choix du partenaire résulte, comme toute action humaine, de deux données : l'inné et l'acquis.

La composante "acquis" a été analysée par Freud. Pour le premier psychanalyste, la sélection du conjoint est influencée par le mécanisme de la projection. En l'occurence, le sujet projette sur l'autre l'image du parent de sexe opposé, cette mère ou ce père qu'il a aimé, mais avec lequel l'acte sexuel lui a été interdit. De cette première pulsion sexuelle refoulée naîtra notre comportement sexuel dans toute sa complexité, avec ses ombres et ses lumières. Pour Freud l'autre ne serait donc en réalité qu'un écran apte à recevoir les projections de notre "cinéma intérieur". Cette interprétation comporte une part de vérité, même s'il nous semble outré de réduire l'amour à sa seule composante sexuelle et "œdipienne". Il suffit de tendre l'oreille pour entendre des expressions telles que *le voile s'est déchiré et je l'ai vu tel qu'il est réellement* ou encore *elle s'est dévoilée à moi* ou enfin *tout d'un coup, j'y ai vu plus clair et je me suis demandé ce que je faisais là,* etc.

En réalité la projection ne peut intervenir que s'il existe une certaine affinité entre les deux acteurs, sans quoi le scénario pourrait fonctionner avec la première personne rencontrée. Pourquoi alors cette longue, voire permanente quête de "l'âme sœur" qui nous passionne tous ? Comme nous l'avons brièvement évoqué dans l'introduction avec l'antique pratique chinoise du mélange des sangs, afin d'évaluer la compatibilité des futurs, nous verrons que l'accord ou le désaccord entre groupes sanguins peut influencer - mais non déterminer - la sympathie ou l'antipathie entre humains, quel que soit leur sexe, et représenter par là même l'un des facteurs innés de la formation et du maintien du couple.

Le tempérament Harmonique (sang A) s'accordera généralement mieux avec un Mélodique (sang 0) qu'avec un autre tempérament. Le Mélodique en effet permettra une meilleure adaptation du couple A-0 dans la société, le milieu professionnel et l'environnement affectif et humain en général.

Le couple formé par deux tempéraments Harmoniques, caractérisés par leur grande sensibilité et leurs difficultés d'adaptation à l'ambiance humaine environnante, risque d'achopper sur l'incompréhension qui pourrait s'établir au cours des ans entre des conjoints aussi sensibles et introvertis. Mais au prix d'efforts pour dépasser ce handicap, une vision similaire de la vie, un idéal partagé, une sensibilité canalisée dans une réalisation commune, peuvent faire de leur mariage une passionnante - et passionnée - expérience.

L'union d'un Harmonique (A) et d'un Rythmique (B) nous semble être la plus problématique. Le Rythmique risque tôt ou tard de reprocher à l'Harmonique son hypersensibilité, ses problèmes d'adaptation dans le domaine de l'action et un comportement souvent inattendu. L'Harmonique accusera à son tour le Rythmique de sa dureté, son manque de considération pour l'humanité, sa froideur et son goût excessif pour l'autorité et la discipline.

Lorsqu'il s'agit de relations amoureuses, le couple homme A-femme B se révèle fréquemment hasardeux ; c'est bien souvent madame qui porte la culotte. L'image du moi de l'homme peut être troublée et devenir insupportable à son épouse.

Le couple Harmonique (A) - Complexe (AB) connaît souvent un nombre élevé de difficultés. L'Harmonique reproche au Complexe son manque de stabilité, ses constants changements de niveaux et de rythmes, qui accentuent sa propre problématique et ses difficultés d'intégration.

Le tempérament Mélodique (0) est celui qui s'accorde le mieux avec tous les autres, ce qui n'a rien d'étonnant du fait qu'il est biologiquement *donneur universel*. Il permettra une meilleure intégration sociale du couple A-0 en s'adaptant à l'extrême sensibilité de son conjoint A.

Le Rythmique (B) formera généralement une union stable avec un Mélodique car celui-ci ne se choquera pas de son autoritarisme ni de son apparente dureté.

C'est encore le Mélodique qui saura exploiter au mieux les différentes tendances du Complexe et utiliser successivement ses nombreuses qualités.

Quant à l'union d'un 0 avec un autre 0, elle débouche souvent sur une alliance très durable, par un renouvellement constant de leurs échanges qui facilite leur commune évolution.

Le couple constitué par deux tempéraments Rythmiques (B) risque d'être problématique pour des raisons de modèles éducationnels, sociaux et médiatiques.

L'image de l'homme “idéal”, en effet, s'accorde bien avec le tempérament rythmique : apparente solidité, continuité, indépendance par rapport au milieu, mépris de la sensibilité.

On retrouve ici les caractéristiques tempéramentales de bien des héros de romans et de films.

L'idéal féminin, lui, est tout à fait à l'opposé du tempérament rythmique. Il est fait de sensibilité, de finesse et d'émotivité.

Lorsqu'après les premières et tendres années, la jeune femme de groupe sanguin B se révèle différente du "modèle" projeté sur elle, apparaissant alors autoritaire et rigide, son mari risque de s'étonner et de souffrir. Malgré sa répulsion au changement, il peut alors s'éloigner de cette femme qui a "tellement changé", comme je l'ai souvent entendu dire.

Le B apporte parfois avec bonheur sa structure rigide mais sécurisante au tempérament Complexe (AB).

Quant au tempérament Complexe, il s'épanouira sélectivement avec un Mélodique.

Les couples formés par deux tempéraments Complexes (AB) souffrent souvent d'une incompréhension totale. Les changements constants caractérisant ce tempérament engendrent rarement des complémentarités synchronisées ; l'un des conjoints sera en période d'intense activité pendant que l'autre sera en phase dépressive ou contemplative et vice versa. Une séparation rapide guette malheureusement ces unions.

Il est toutefois évident que la vie nous appelle tous à dépasser nos données physiologiques de base, et que le mariage est justement institué pour permettre à deux êtres forcément dissemblables en raison de leur sexe d'apprendre à se connaître et à trouver leur "point de fusion" à partir duquel ils pourront évoluer de concert. Un sincère amour liant deux êtres de sangs apparemment incompatibles devrait être suffisamment fort pour que les efforts qu'ils devront fournir, en utilisant leurs contradictions pour les transformer en complémentarités passionnantes et fructueuses, soient à la mesure du bonheur qui en résultera. Le fait d'être prévenu des problèmes possibles par la connaissance des groupes sanguins peut contribuer à s'y préparer efficacement.

X

ACTIVITÉS PROFESSIONNELLES ET GROUPES SANGUINS

Le choix d'une profession n'est pas chose facile, pourtant le métier est le grand compagnon de la vie, disait L. Bourdel.

Les indications sur les orientations préférentielles que nous avons évoquées dans l'analyse de chacun des quatre groupes sanguins se vérifient dans la vie professionnelle.

Dans l'ouvrage *Groupes sanguins et tempéraments,* paru en 1960, L. Bourdel fait figurer un tableau statistique portant sur 2.745 personnes dont il ressort divers enseignements.

I. Dans les professions comportant des activités de recherche et de création, le groupe A est majoritaire. Il représente en effet 56,4 % des individus. Dans cette catégorie on retrouve quatre types d'activités :

1. Recherche et création artistiques (architecte, archéologue, artiste peintre, céramiste, décorateur, etc.).
2. Recherche et création littéraires (journaliste, homme politique, philosophe, homme de lettres, etc.).
3. Recherche scientifique (biologique, chimique, pharmaceutique, électronique, etc.).
4. Recherche technologique (bureau d'études, ingénieur d'études, conseiller technique, etc.).

II. Dans les professions relationnelles, ce sont les représentants des groupes sanguins 0 et AB qui sont majoritaires. Parmi ces activités L. Bourdel classait :

1. Les métiers socio-culturels

a) Services sociaux (bureau du personnel, orientation professionnelle, activités sociales diverses).

b) Enseignants et éducateurs (instituteur, moniteur, professeur).

c) Activités juridiques (conseil juridique, homme de loi, magistrat, employé de tribunal).

d) Professions de la santé (médecin, chirurgien-dentiste, sage-femme, pharmacien, vétérinaire, infirmière, kinésithérapeute).

2. Les employés et fonctionnaires (secrétaire, chef de bureau, haut fonctionnaire, employé de tous niveaux).

3. Les activités commerciales (vendeur, représentant, chef de vente, VRP, directeur de service d'achats, gérant hôtelier, gérant, etc.).

4. Les employés de maison.

III. Enfin, dans les métiers d'action et d'exécution, les B sont relativement majoritaires. Ce sont :

1. Les carrières militaires.

2. La police.

3. Les cadres dirigeants de sociétés de production industrielle (travaux publics, cimenterie, chimie, textiles).

4. Les ingénieurs (aéronautique, électricité, chimie, etc.).

5. Les chefs de services techniques.

6. Les activités manuelles.

a) Les activités d'immobilité partielle en usine ou en atelier (polisseur, graveur, horloger, etc.).

b) Les activités mixtes intérieures-extérieures (artisan, mineur, magasinier, etc.).

c) Les activités de plein air (pêcheur en mer, chauffeur de taxi, cultivateur, ouvrier agricole, etc.).

L'orientation professionnelle serait beaucoup plus efficace si elle tenait compte des orientations préférentielles que nous venons d'indiquer.

Concernant les métiers manuels, nous ne pouvons que rejeter catégoriquement le discrédit jeté sur ceux-ci par une grande part de la société française. Si notre pays manque cruellement d'électriciens, de plombiers et de contremaîtres alors qu'il regorge de sociologues et de professeurs d'histoire, c'est que depuis longtemps les Français préfèrent voir leurs enfants se diriger vers des professions “à col blanc”

A - HARMONIQUE

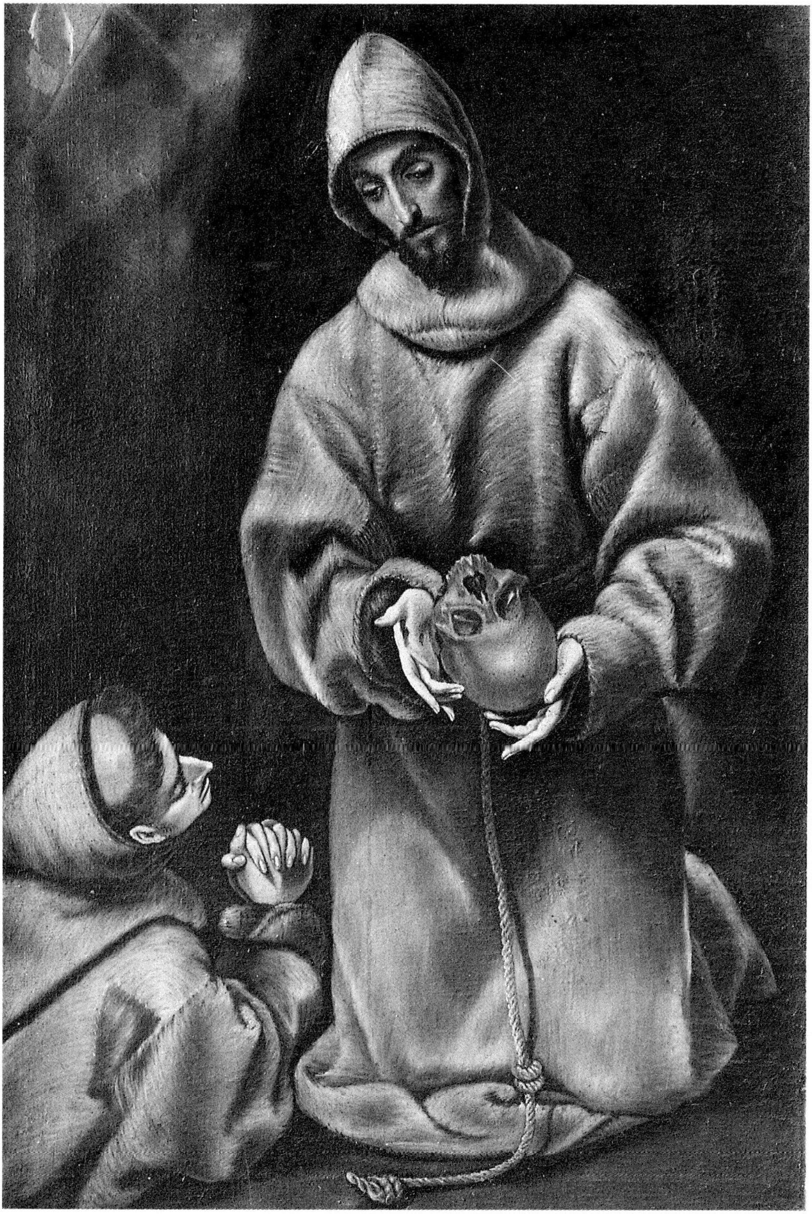

Saint François, Le Greco (Musée du Louvre)
Simplicité et dépouillement, intensité de la foi, synthèse.

A - HARMONIQUE

Neige à Louveciennes, Alfred Sisley (Musée d'Orsay)
Paysage, atmosphère de froid, simplicité.

A - HARMONIQUE

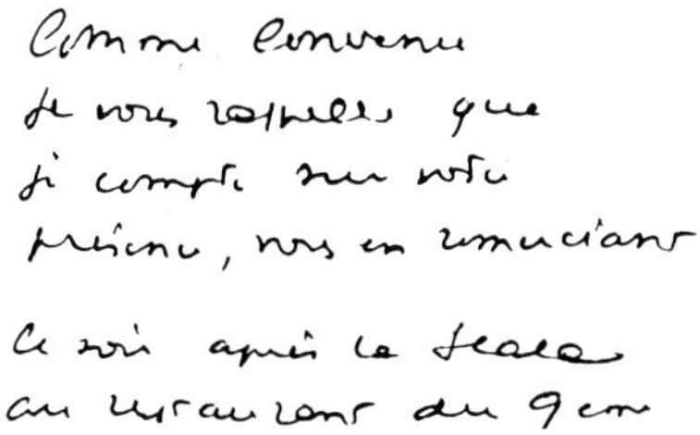

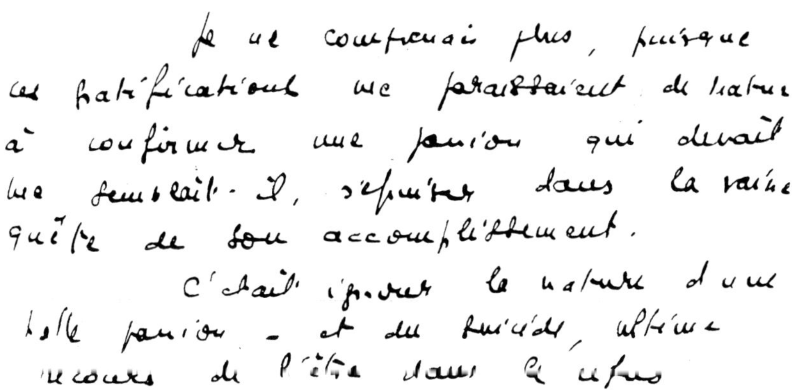

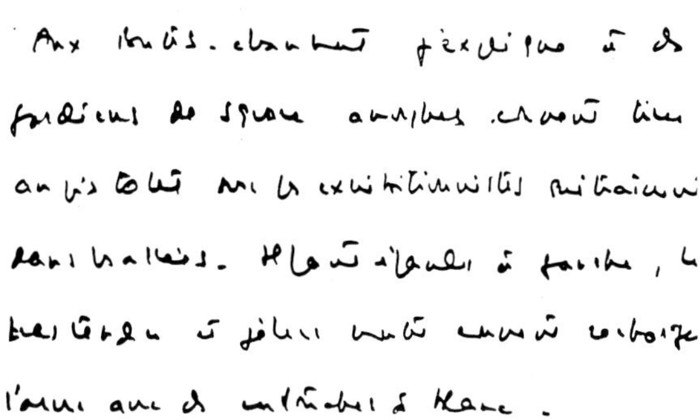

Types d'écritures Harmoniques

0 - MÉLODIQUE

Renaud et Armide, François Boucher (Musée du Louvre). Importance des lignes courbes et des rondeurs, amour de la vie.

0 - MÉLODIQUE

Peinture sur verre anonyme, Ecole française du XVIIIème siècle
(Collection particulière)
Humanité, grâce, sociabilité.

0 - MÉLODIQUE

Ma femme est ~~restée~~ très peinée de penser que notre fille restera le bras à demi ouvert après la rééducation - Je pense que le chirurgien n'a pas voulu (avec raison) nous donner un espoir sans certitude et il est normal que nous lui donnions notre confiance, comme celle que nous avons en vous pour la meilleure évolution de cette fracture -

Chère Madame,
Comme je
suis malheureuse à c
d'un coup de télé
qui m'oblige d'all
10½ chez mon avo
Le notaire de campa
pour cette seule mati
Paris _ Comment m

Chers Amis -

Après votre fil réjouissant oh ! combien nous serions heureux de vous voir, afin de converser plus longuement, nous vous demandons de nous fixer un rendez-vous, à seule fin de ne point

Types d'écritures Mélodiques

B - RYTHMIQUE

Singes cueillant des oranges, Henri Rousseau, dit *le Douanier*
(photo H. Roger Viollet)
Répétitions, rigidité du trait.

B - RYTHMIQUE

Portrait des académiciens Goncourt, Bernard Buffet (photo Giraudon)
Froideur, rigidité, impénétrabilité des visages, répétitions.

B - RYTHMIQUE

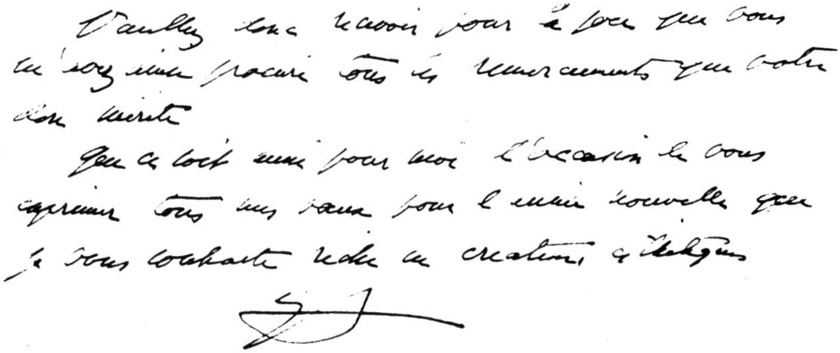
Veuillez donc recevoir pour [illegible] que vous m'avez procuré tous les remerciements que votre don mérite.
Que ce soit aussi pour moi l'occasion de vous exprimer tous mes vœux pour l'année nouvelle que je vous souhaite riche en créations [illegible]

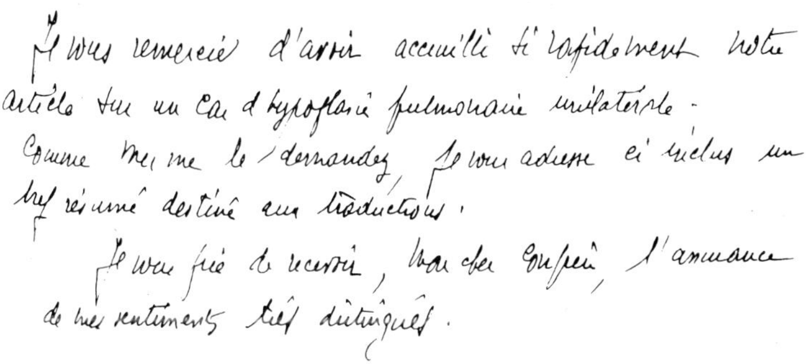
Je vous remercie d'avoir accueilli si rapidement notre article sur un cas d'hypoplasie pulmonaire unilatérale.
Comme vous me le demandez, je vous adresse ci-inclus un bref résumé destiné aux traductions.
Je vous prie de recevoir, mon cher Confrère, l'annonce de mes sentiments très distingués.

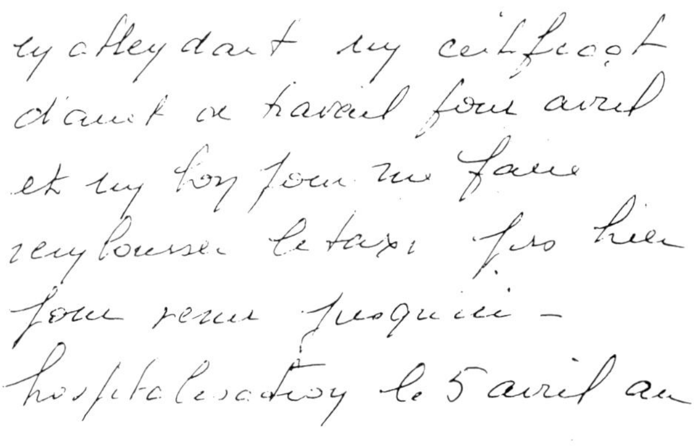
en attendant un certificat d'arrêt de travail pour avril et un bon pour me faire rembourser le taxi. [illegible] bien pour venir jusqu'ici - hospitalisation le 5 avril au

Types d'écritures Rythmiques

Le festin des dieux, van Balen (Musée du Louvre)
Absence de centrage, profusion de personnages, comblement.

AB - COMPLEXE

Fête dans une auberge, Jan Steen (Musée du Louvre)
Plusieurs centres d'intérêt, choc des thèmes :
la mère et l'enfant, le poivrot, etc : désharmonie.

AB - COMPLEXE

De Madame même ayant eu des
crises terribles d'Asthme cette
nuit.

Remerciements

avoir consulter la fille
ayant la rougeole. Mon
est en à son chevet pendant
les fêtes cette ordonnance qui
est la France me la régla
faire rembourser de mes jo
ne lais pas donner à la mou
Vous pouvez me la dater le

Veuillez trouver ci joint les
résultats des examens demandés

En espérant bonne réception
veuillez croire, Monsieur, à l'expression
de mon plus profond respect

plutôt qu'"à col bleu". Les gouvernements, depuis les années trente, ont favorisé cet état de fait : l'enseignement technique a traditionnellement reçu les élèves les moins doués ou les moins motivés ainsi que, très souvent, les professeurs les moins qualifiés. Cette dévalorisation des métiers manuels a été on ne peut plus néfaste pour la France et son outil industriel.

C'est l'Harmonique (A) qui éprouve le plus de difficultés en début de carrière. Ceci tient à la nécessité du double apprentissage, d'une part du groupuscule humain constituant l'entreprise, et d'autre part de l'activité professionnelle proprement dite. Son comportement se modifiera avec le temps, en fonction de son épanouissement ou de son repli sur soi dans le milieu professionnel. L'issue de cette alternative dépend de l'état des relations affectives qui se seront nouées ou non avec ses compagnons, ainsi que de l'intérêt ou du désintérêt qu'il éprouvera pour son travail. Si ces deux facteurs sont positifs, la montée en régime sera lente. L'Harmonique, pour de multiples raisons, (sens des responsabilités et du devoir, routine, crainte d'une nouvelle adaptation) peut cependant se maintenir longtemps dans une ambiance et une profession ayant cessé de lui plaire. Son rendement chutera alors lentement jusqu'à l'aversion totale.

Le Mélodique (0), dont la devise peut se résumer à *tout nouveau, tout beau,* sera comme d'habitude stimulé par les nouvelles interactions de l'environnement humain. Il commencera par magnifier la nouveauté, quitte plus tard à se lasser et à dénigrer. Il atteindra rapidement son maximum d'efficacité, mais sera par la suite susceptible d'une baisse de productivité par lassitude et désir de changement.

Quant au Rythmique, sa devise pourrait être *ça passe ou ça casse !* Ses difficultés d'adaptation le poussent à suivre son propre chemin, laissant aux autres le soin de le supporter ou de ne pas l'accepter. Si le milieu lui est favorable, il deviendra un spécialiste de haut rang au sein de sa profession.

Le Complexe, avec son tempérament anxieux, ses difficultés à se centrer et à se concentrer, son manque de sens des responsabilités, rencontre des difficultés à s'insérer dans une équipe de travail et à se maintenir à un poste. Il devra être fortement encadré et sécurisé pour permettre à ses multiples capacités de s'épanouir efficacement.

* La relation avec l'autorité

Les rapports parfois difficiles que nous entretenons avec l'autorité sont directement liés à notre propre histoire. Les relations établies dans notre enfance avec nos parents, en particulier avec notre père, nos rapports passés avec nos maîtres, ont profondément marqué notre problématique personnelle envers l'autorité et représentent notre acquis.

Notre comportement vis-à-vis de celle-ci dépend toutefois aussi de facteurs innés, en particulier de notre groupe sanguin.

Lorsque l'autorité s'exerce sur un sujet Harmonique (A), elle doit à tout prix éviter le harcèlement et la brusquerie qui risqueraient de contrarier sa difficile adaptation.

Le Mélodique (0) se plie facilement à toutes les consignes et tous les ordres, même s'ils peuvent par instants sembler incohérents.

Il est nécessaire de donner au Rythmique, en raison de son besoin de continuité et de stabilité, des consignes parfaitement cohérentes.

Le Complexe (AB) exige des directives successivantes propres à stimuler l'une après l'autre ses multiples capacités.

Pour de nombreux jeunes diplômés se pose rapidement le problème du leadership, de l'aptitude à commander du personnel. L'image du chef que se fait l'employé intervient forcément dans l'établissement de cette relation.

Pour l'Harmonique (A), l'autorité doit être incarnée par un personnage rayonnant un charisme grâce auquel une véritable foi pourra se développer chez son subordonné. Il doit donc être à la fois omniscient et, surtout, digne d'être aimé.

Pour le Mélodique (0), le décideur est assez comparable à un chef d'orchestre qui coordonne et synthétise les possibilités de chacun au profit du groupe dans son ensemble.

Pour le Rythmique (B), le manager représente l'autorité suprême. L'autoritarisme, à la rigueur, ne le dérange pas ; les peuples à forte proportion de sang B se donnent parfois des chefs tyranniques : l'ayatollah Khomeiny, Staline, Ceaucescu, Mao Tsé Toung, etc.

Pour le Complexe (AB), l'autorité est représentée en priorité par celui qui comprend et accepte ses pulsions contradictoires. Un caractère rigide et entier (musculaire-bilieux, groupe B) pourra également personnifier l'autorité.

Le décideur idéal de chaque type sanguin ne convient pas forcément toujours aux autres tempéraments psychobiologiques. Ainsi un manager Harmonique pouvant compter sur le dévouement de ses subordonnés de même groupe sanguin (A), risque de passer aux yeux de sujets Rythmiques (B) pour naïf et faible. Ceux-ci ont de la peine à comprendre la confiance qu'il place en chacun de ses subalternes, la douceur et la mansuétude dont il fait preuve à leur égard.

Le décideur Mélodique (0) est certainement celui qui fait preuve du plus grand réalisme. Il s'adapte facilement au tempérament de son subordonné et sait faire passer la consigne sur le ton le plus adéquat.

Le chef Rythmique est plus efficace avec des sujets de même tempérament (B). Il obtient de bons résultats avec les Complexes (AB) auxquels il apporte la stabilité et la continuité qui leur fait défaut et qu'ils recherchent pour s'épanouir. Par contre les Harmoniques le trouveront souvent trop autoritaire et risquent de se trouver rebutés et paralysés par sa froideur et ses manières cassantes. Ils encaisseront les coups pendant un laps de temps variable et, d'un coup, finiront un jour par se révolter et le rejeter.

Le décideur AB est apprécié pour son dynamisme et son infatigabilité. Ses "changements de cap" et autres remises en cause peuvent cependant dérouter ses collaborateurs et subordonnés. Son intelligence et son amabilité sauront les rasséréner.

XI

LE FACTEUR PARENTAL EN PSYCHOBIOLOGIE

Les diverses civilisations ont de tous temps identifié symboliquement la mère à la notion de “terre”, de “terreau”, voire de “sillon fertile”. La mère représente en effet le terrain, les possibilités, le champ de la virtualité. Pour sa part la virilité a été universellement symbolisée par le soleil, la force et l’action. On retrouvera ces deux notions de virtualité et d’action dans le tempérament de tous les hommes et femmes en fonction du groupe sanguin de leurs parents directs, le père et la mère.

Premier cas : la mère est de sang A (Harmonique), le père de sang 0 (Mélodique).

Le sujet appartient au groupe A.

On a affaire à une personne vibrante, sensible, mais de caractère relativement instable. Elle est capable d’avoir une vision globale des choses et des gens, de situer les événements dont elle est le témoin dans un cadre plus général, mais elle est susceptible aussi de porter des jugements assez éloignés du réel, volontiers utopiques. Ses raisonnements sont souvent originaux et surprenants pour son entourage. Si le milieu environnant est défavorable, elle peut se rebeller ou au contraire rentrer dans sa coquille et se renfermer sur elle-même. L’influence Mélodique du père sera sensible dans son passage à l’acte qui interviendra toujours de façon adaptée au milieu. L’harmonisation de l’action est donc généralement de type Mélodique.

Deuxième cas : la mère est de sang 0 (Mélodique), le père est de sang A (Harmonique).

L’enfant est de groupe A.

Ici la base tempéramentale est Mélodique, le sujet étant en prise directe sur le milieu extérieur dont il subit largement l'influence. Il est capable d'efforts intellectuels polyvalents, s'exerçant de façon multiforme et dans plusieurs directions simultanées. Si le milieu extérieur est défavorable, il saura s'adapter sans se replier ou s'autodétruire.

Le tempérament Harmonique du père influencera son passage à l'acte qui devra reposer sur des bases compréhensibles et palpables. Dans ce cas son efficacité pourra être élevée, parfois surprenante pour son entourage.

Troisième cas : la mère est de sang B (Rythmique), le père de sang 0 (Mélodique).

Le sujet est de sang B.

La base tempéramentale sera Rythmique. Le sujet réclame un environnement stable, constant, paisible. Il sera attiré toute sa vie par des ambiances bien structurées, des conditions de vie et de travail rigoureusement organisées. Son passage à l'acte, correspondant à l'influence du père, se déroule de façon concrète et pratique, son habileté et son efficacité pouvant passer pour de la ruse et de la servilité.

Quatrième cas : la mère est de sang 0 (Mélodique), le père de sang B (Rythmique).

L'enfant est de groupe B.

L'influence de la mère se retrouve chez ce sujet à l'adaptabilité tous azimuts, celle-ci devant toutefois reposer sur la compréhension des êtres et des choses, et le filtrage de la raison devant intervenir sous peine de rejet. Le passage à l'acte s'effectue de manière rigoureuse et dans la plus grande constance.

Cinquième cas : La mère est de sang A (Harmonique), le père de sang B (Rythmique).

L'enfant est de sang A, B ou AB.

La base tempéramentale est de type Harmonique, avec un individu toujours vibrant, sensible, irrégulier et d'une efficacité variable, ceci quel que soit le groupe sanguin de l'enfant. Dans l'action le tempérament paternel se fait sentir. Le sujet peut passer pour brutal car il ignore ses limites et agit fréquemment avec raideur et dureté.

Sixième cas : la mère est de sang B (Rythmique), le père de sang A (Harmonique).

Le sujet est de groupe A, B ou AB.

L'influence de la mère se fait sentir dans la profondeur de la pensée et la rigueur du raisonnement. Celle du père se manifeste par des difficultés d'adaptation, l'hypersensibilité de l'être rendant son passage à l'acte directement dépendant de l'harmonie ou de la désharmonie existant entre lui et son milieu.

Septième cas :

1. La mère est AB

Quel que soit le groupe sanguin du père, l'enfant sera A, B ou AB (jamais de groupe 0). Le terrain est instable, confus, soumis à de brutales variations. Les remises en cause sont fréquentes et fondamentales.

a) Le père est 0

Le comportement sera facilité par une adaptation relativement aisée.

b) Le père est A

L'activité sera sélective, handicapée par les difficultés d'adaptation du groupe sanguin A.

c) Le père est B

Le passage à l'acte sera empreint de la rigidité et de la régularité du groupe Rythmique.

d) Le père est AB

L'enfant sera riche de potentialités mais son actuation tiraillée entre ses différentes pulsions. Généralement pessimiste, il pourra être le pire ou le meilleur...

2. Le père est AB

L'enfant est de groupe A, B ou AB.

Son activité correspond à celle décrite ci-dessus (7, d). Son terrain est marqué par le groupe sanguin de la mère.

a) La mère est 0

L'enfant est polyvalent, extraverti, se comportant comme une éponge vis-à-vis du monde environnant.

b) La mère est A

Ce sera le plus émotif et écartelé de tous. Inspiré par les êtres et les choses les plus inattendues, il est vibrant et ultrasensible.

c) La mère est B

L'enfant recherche les lieux et les êtres structurés et parfaitement réglés qui régulariseront ses écarts et ses changements de régime.

d) La mère est AB

Le sujet a un tempérament profondément heurté, instable, avide de toutes choses. Pour s'épanouir il a besoin de structures très dirigistes.

XII

GÉOPOLITIQUE ET GROUPES SANGUINS

La confrontation des données psychobiologiques et des données géographiques offre ample matière à réflexion. Peut-on cerner la répartition des différents groupes sanguins dans le monde ? Existe-t-il une corrélation entre le site géographique occupé par un peuple et son tempérament dominant? Que sommes-nous en droit de déduire de cette analyse ?

Bien avant les travaux de L. Bourdel, Jovan Cjivic s'était appliqué à *déceler une relation entre le sang et certains traits du caractère ou certains comportements psychologiques.* Il publia le résultat de ses travaux dans un ouvrage intitulé *La Pêninsule Balkanique.* J. Cjivic dresse notamment une carte de la frontière des sangs dont le tracé départage l'espace européen en deux zones distinctes, depuis Tornea en Scandinavie jusqu'à Salonique en Grèce. Or cette frontière présente une analogie troublante avec l'implantation, beaucoup plus récente, du rideau de fer (*La Pêninsule Balkanique* paraît dans les années trente, tandis que la construction du mur de Berlin débute en 1961). A l'est de ce tracé vivent les populations chez lesquelles la proportion de sang B est supérieure à 15 %, en revanche à l'Ouest, cette même proportion se situe en deçà de 15 % ; voir schéma p. 106).

Cependant la frontière des sangs suscite plusieurs commentaires :

- Le taux précédemment défini représente un seuil pour le sang B. Si le cap des 15 % est franchi, la population évolue vers une prédominance de type asiatique ; au contraire, en deçà de ce seuil, elle demeure dans la norme européenne.
- Tout au long de cette ligne de partage s'égrènent des villes dont le seul nom évoque la mémoire de conflits restés fameux dans l'histoire : Léningrad, Dantzig, Varsovie,

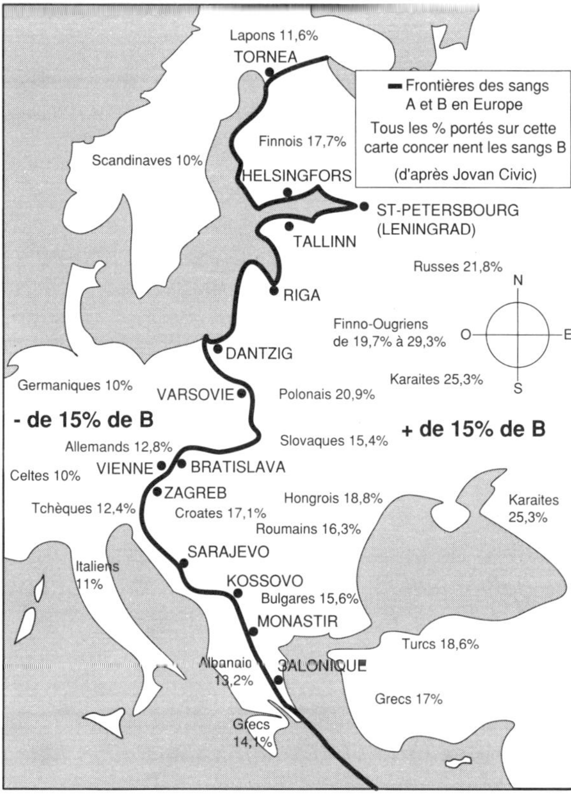

Frontière entre régions d'Europe
à plus de 15% de groupe sanguin B (à droite) et moins de 15 % (à gauche).
Elle correspond à la ligne de fracture géopolitique du XXe siècle.
(Dr Martial)

Bratislava, Trieste, Sarajevo, Salonique... En outre cette frontière, malgré la récente destruction du mur de Berlin, reste un symbole de la focalisation des tensions entre le monde capitaliste et le monde communiste. Cette analyse est contemporaine. A son époque J. Cjivic interprétait cette répartition géographique des 15 % comme l'opposition des peuples occidentaux aux peuples orientaux. Aussi schématique qu'elle puisse paraître, cette distinction n'en a pas moins imprimé notre imaginaire : nous opposons facilement le citoyen allemand, scrupuleusement respectueux des règles les plus contraignantes, au Français débonnaire qui n'hésite pas à prendre des libertés avec la loi.

Aujourd'hui, les études de L. Bourdel sur la classification des tempéraments d'après les groupes sanguins permettent d'affiner cette confrontation entre données psychobiologiques et géographiques. Cette réflexion est dominée par l'idée suivante : le groupe sanguin donne un profil du tempérament de l'individu ou de la société auquel il faut superposer différentes modalités d'ordre familial (influence des parents, éducation), social (environnement) et historique (événements auxquels est confronté l'individu ou dont il est protégé). Inversement l'information sur le groupe sanguin éclaire en partie l'analyse des composantes qui ont contribué à façonner l'individu ou la population. Ainsi, la classification des tempéraments devient un outil, une grille d'interprétation (incomplète mais fiable) du comportement humain.

Voici le profil du tempérament des peuples, tel qu'il ressort après une analyse de leur groupe sanguin :

1. Les populations où la proportion *relative* de sang A est la plus grande manifestent plus de sensibilité que la moyenne et sont dotées d'un pouvoir de création puissant. Ce sont ces peuples qui provoquent des bouleversements d'envergure et qui souvent sont à l'origine de l'évolution du monde. Cependant, ces propos doivent être nuancés en fonction de l'importance des autres groupes sanguins. Si le pourcentage de B augmente et que celui de 0 diminue, ces communautés éprouvent de grandes difficultés à s'adapter et ont tendance à se replier sur elles-mêmes. Elles manifestent alors un goût prononcé pour la rigueur et la discipline ; citons parmi celles-ci les Berlinois, le peuple espagnol ou encore les Italiens de Sicile. Lorsque le rôle de balancier que jouent les sangs 0 et B est insuffisant, ces populations se révèlent alors dépourvues de tout pragmatisme. Tel est le cas des Hawaïens ou, dans une moindre mesure, celui des Portugais.

2. Les communautés dans lesquelles la proportion relative de sang 0 domine présentent de remarquables facultés

d'adaptation et d'échange avec autrui. Nous en avons pour exemple les Etats-Unis. La sociabilité est un point clé à prendre en compte pour la compréhension de leur tempérament. Plus le pourcentage de sang A est élevé, plus ces populations se révèlent délicates et même sentimentales, tels les Touaregs, les Irlandais de Dublin, les aborigènes d'Australie, certaines (rares) tribus d'Indiens nord-américains ou les Esquimaux du Groenland. Quant aux Italiens des Pouilles, où la proportion relative de sang B est la plus forte, ils manifestent des aptitudes développées pour la pratique du commerce.

3. Lorsque le pourcentage de sang B domine au sein d'une population, celle-ci se révèle particulièrement attachée à ses traditions et présente un tempérament remarquablement constant. Ces peuples sont dotés d'une persévérance hors du commun, dès qu'ils ont assimilé et accepté le pourquoi et le comment. Si la proportion de sang AB décroît, l'intensité de leurs activités s'accroît : nous en trouvons des exemples chez les Sénégalais et les populations d'Afrique du Nord. Mais si la proportion relative de sang B devient excessive, les civilisations de ces communautés se figent et font montre d'une attitude intraitable : l'évolution des Pékinois et des Cosaques de Mongolie en témoigne.

4. Le tempérament des peuples chez lesquels la proportion de sang AB est la plus forte est certainement le plus complexe à cerner. Ce sont des groupes au caractère instable et affaibli à la fois par leurs multiples contradictions et par une sensibilité accrue. Plus le pourcentage de sang A est prépondérant et plus leur caractère hypersensible s'accentue encore. Il s'agit des ethnies des Balkans (véritable poudrière de l'Europe où se déclencha la première guerre mondiale et qui fait à nouveau parler d'elle depuis la chute de l'empire communiste), des Espagnols de Valladolid, des Japonais d'Hiroshima, des Polonais de Varsovie et des Italiens de Trieste. Ces communautés produisent des cultures passionnées et tourmentées, articulées autour des notions de destin et de

mémoire. Lorsque le pourcentage de sang B domine, ces populations préservent à tout prix leurs traditions. Celles-ci leur apparaissent alors comme le garant de leur cohésion et de la stabilité de leur société ; ce sont les musulmans de Beyrouth, les Cairotes et les Japonais de Tokyo.

Les exemples précédents, analysés à partir de la distinction entre les quatre groupes sanguins, donnent en quelque sorte un squelette du tempérament des peuples. Pour lui donner vie il faudrait, au sein d'un même groupe, nuancer encore ces remarques. Comme chaque individu, chaque région présente sa propre personnalité.

* Géopolitique et psychobiologie en Europe de l'Ouest

a) Les relations franco-allemandes

Léone Bourdel et ses collaborateurs ont créé un type de diagramme absolument remarquable. Des analyses sanguines ont été effectuées au sein de certaines populations ou communautés dans différentes régions du globe. Elles ont permis de classer les pourcentages de répartition entre les quatre groupes sanguins en dix ensembles distincts ou déciles. La formule psychobiologique de la France, par exemple, est la suivante :

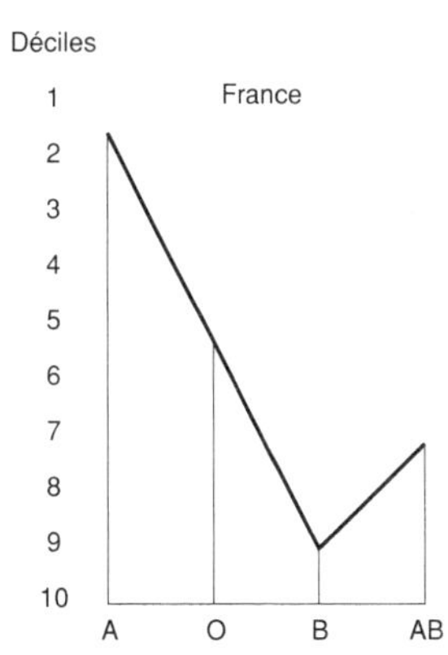

Elle signifie qu'avec 45 %, la France est *relativement* plus riche en groupe sanguin A (par rapport aux répartitions mondiales) qu'en groupe sanguin 0, qui représente tout de même 43 % des Français.

De même avec ses 9 % de B, elle est relativement moins riche, ainsi qu'en groupe AB, avec 3 % !

La comparaison entre différents diagrammes est riche d'enseignements.

1. Les diagrammes de la France (p. 109), de la Rhénanie, de la région de Munster sont quasiment superposables.

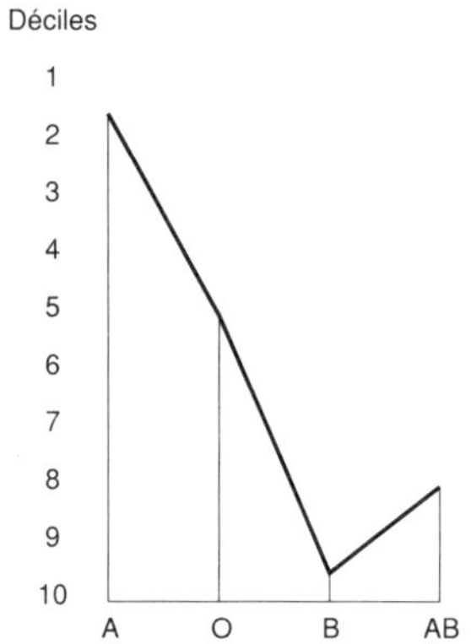

MUNSTER (Allemagne)

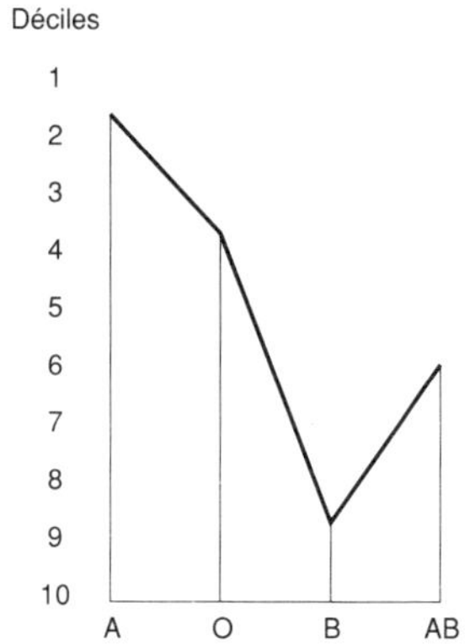

RHENANIE

Ceci confirme pleinement (s'il fallait encore le prouver) le caractère particulièrement fratricide des trois derniers conflits franco-allemands. Ceux-ci ont éclaté en raison de rivalités économiques et industrielles, et de tensions démographiques, exacerbées par le tempérament Rythmique (sang B) de la Prusse (cf. p. 111), propre aux Berlinois. Il faut en effet se rappeler que l'unité allemande s'est réalisée grâce à l'influence de la Prusse qui a profondément marqué la psychologie et le comportement de l'ensemble des autres régions d'Allemagne. Il est intéressant également de comparer le diagramme psychobiologique de la Silésie, à l'est de l'Allemagne, avec celui de la Rhénanie, à l'ouest de ce même pays. Le contraste est saisissant.

2. Les diagrammes de la partie ouest de l'Allemagne, de la Belgique, de la France sont très proches les uns des autres (cf p. 111).

Cependant ceux de la Grande-Bretagne, du Danemark, du Nord de l'Italie et de la Catalogne espagnole sont également très voisins. Si ces pays se sont unis très précocement pour les uns en formant l'Europe des Six, puis secondairement celle des Douze, cela n'est certainement pas dû au hasard, mais plutôt à leur ressemblance psychobiologique : *qui se ressemble, s'assemble.*

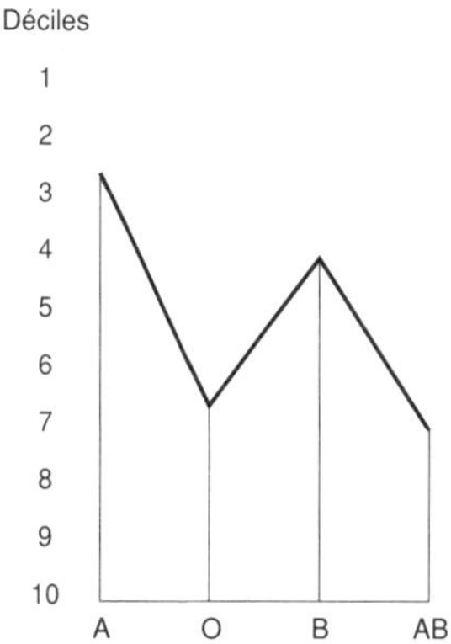

BERLIN

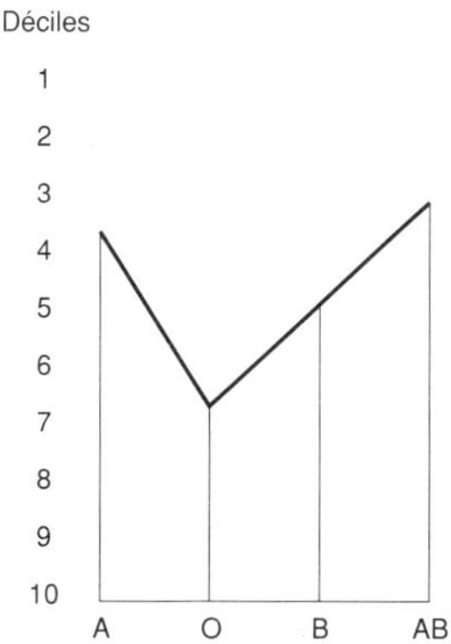

SILESIE

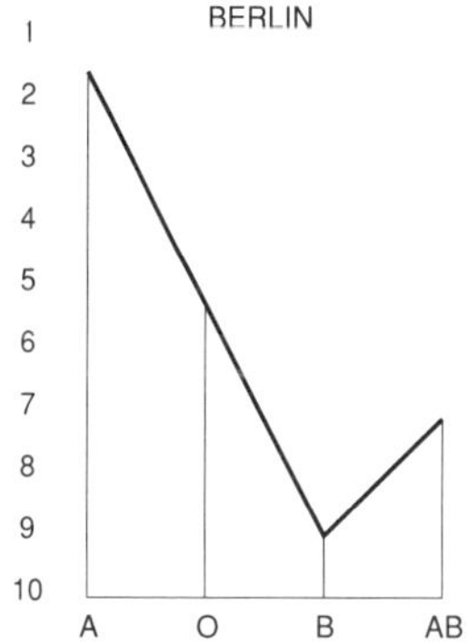

FRANCE (rappel)

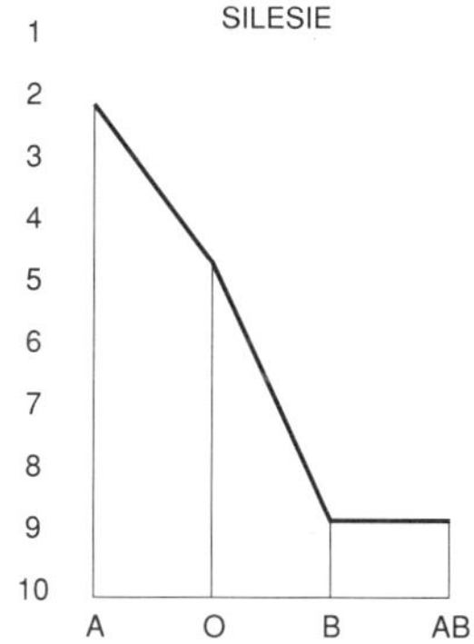

LIEGE (Belgique)

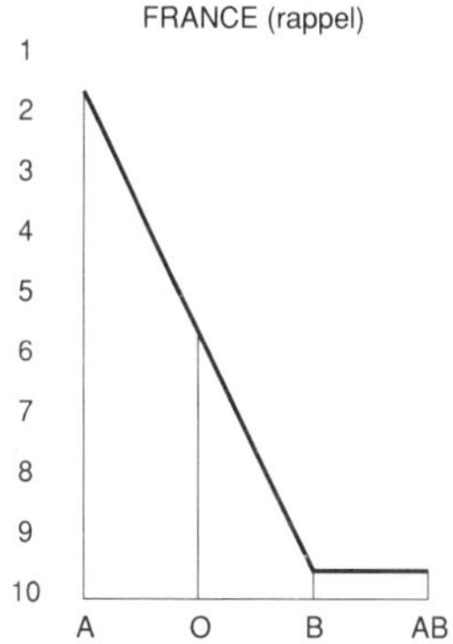

CATALOGNE (Espagne)

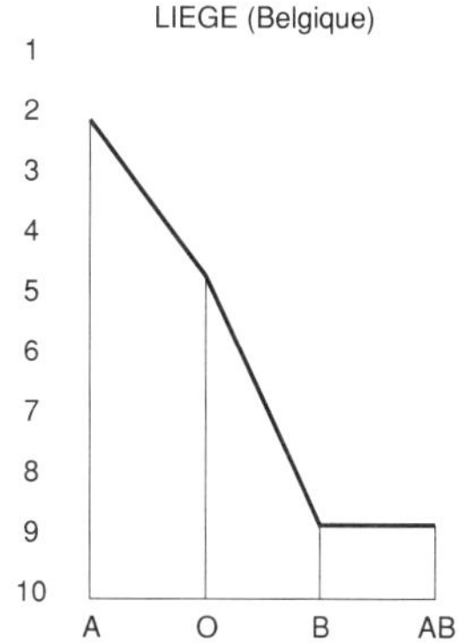

COPENHAGUE (Danemark)

3. Les difficultés intérieures de certains pays d'Europe, comme l'Espagne, l'Italie et la France ne sont sans doute pas étrangères aux différences psychobiologiques entre les diverses communautés appartenant à ces pays.

La comparaison des caractéristiques psychobiologiques de la Catalogne avec celles de l'Espagne dans son ensemble explique certaines tensions entre la grande province industrielle du nord de la péninsule ibérique et le reste du pays. Le particularisme régional est si puissant que la langue officielle y est la langue catalane, enseignée dans les écoles avant même l'espagnol. Les Catalans n'hésitent pas à déclarer leur communauté la plus européenne d'Espagne. Leur formule psychobiologique, plus proche de celle de la France que de celle de l'Espagne par sa proportion relativement élevée de sang 0, corrobore parfaitement cette opinion.

Nous avons déjà évoqué les difficultés propres à l'Italie ; elles peuvent s'expliquer par la différence entre les formules psychobiologiques du Nord et du Sud. Les proportions relatives des quatre groupes sanguins dans la plaine du Pô sont sensiblement identiques à celles de l'Europe de l'Ouest : Confédération Helvétique, Autriche, Allemagne de l'Ouest et du Sud, France, Belgique, etc. Par contre celles du Sud sont très voisines de la formule de l'Afrique du Nord. L'industrialisation du Mezzogiorno (le grand Sud italien) nécessite des investissements colossaux et remporte des succès malheureusement très limités ; les difficultés de la firme *Alfa Romeo* en sont un témoignage éloquent.

La France n'est pas à l'abri de ce type de difficultés. Elle connaît des problèmes intérieurs liés à l'immigration et que la psychobiologie aide à comprendre. Pour des raisons politiques et économiques ce pays, qui fut le plus habité d'Europe jusqu'à la fin du XVIIIème siècle (hormis la Russie), est devenu à partir de la fin du XIXème et du début du XXème siècles, la nation la moins densément peuplée du continent. L'immigration est venue épauler une natalité défaillante. Des Italiens (le plus souvent du Nord, Piémont et Lombardie), des Espagnols, des Polonais et bien d'autres sont venus chercher du travail, ont fait parfois fortune et ont toujours enrichi le pays.

Cette première vague d'immigrants s'est le plus souvent parfaitement intégrée à la société française. Il faut se rappeler que l'on trouve toujours plus de groupe sanguin 0 parmi les populations émigrées que dans celles restées au pays d'origine.

La seconde immigration concerne la population maghrébine dont la proportion au sein du peuple français est très importante. Le pourcentage relativement élevé de sang B parmi les populations d'Afrique du Nord même si, par rapport aux populations demeurées au pays, la proportion de sang 0 est plus élevée, peut être une des causes expliquant la difficile intégration des immigrés arabes en France.

Nous avons vu que le type B (Rythmique) est relativement fermé sur lui-même, en raison de ses difficultés d'adaptation à l'environnement ; une communauté à pourcentage élevé de B tend à se replier sur elle-même et à se mélanger très peu aux autres communautés, entretenant par là le maintien de l'importance du sang B par des mariages internes.

Le sens de la discipline, la rigidité du Rythmique peuvent aussi expliquer quelque peu le succès du dogmatisme intégriste islamique, phénomène relativement récent, venu se greffer dans le monde arabe sur la donnée ethnique traditionnelle et innée, et renforcer encore ce caractère rigide par un appel au fanatisme. La quête de la vérité inhérente, comme on l'a vu, à la nature du type B, constitue un facteur propre au développement du fanatisme politique et religieux par son mépris absolutiste des nuances et sa relative insensibilité.

Ceci explique que le facteur naturalisation des populations *harkis* n'ait pas suffi à contrebalancer les données de base. L'été 1991 a connu le bruit des manifestations des fils de Harkis, ces soldats algériens qui se sont battus aux côtés des Français pendant les événements d'Algérie. Si certains de ces fils d'immigrés (souvent involontaires) se sont remarquablement intégrés (diplômes de polytechniciens, présidences d'entreprises de commerce et d'industrie, etc.), la majorité d'entre eux n'a connu qu'échec scolaire et chômage. Une explication à ces difficultés d'intégration existe, qui n'est certes pas optimiste mais rigoureusement scientifique : c'est la comparaison entre les formules psychobiologiques qui nous la fournit ; elle est parfaitement explicite. La différence entre les diagrammes sanguins des communautés harki et française est tellement importante que l'on peut craindre une assimilation très lente nécessitant encore plusieurs générations.

On a accusé le regroupement croissant des populations maghrébines dans des banlieues ou des quartiers entiers de grandes villes, comme Marseille, d'être responsable de cet état de fait. Ce confinement accentue certes le phénomène mais ces "ghettos" ne sont en définitive que des cités HLM aux mêmes normes que celles de toute la France. Si l'on se souvient des conditions épouvantables dans lesquelles vivait le prolétariat au siècle dernier (cf. Emile Zola), on peut mettre en doute la justesse de cette allégation.

Cette tendance au regroupement est aussi et surtout une conséquence de la propension des communautés d'origine arabe à une vie autonome et coupée du reste du monde (mis à part une frange étroite bien assimilée dont il serait intéressant d'analyser les groupes sanguins ; peut-être y trouverait-on une proportion de sang 0 ou A plus importante). Il y a donc interaction et cercle vicieux, et une solution proche est difficilement envisageable.

La Grande-Bretagne connaît également certains problèmes avec ses communautés immigrées, d'origine indienne et à forte proportion de sang B ; mais d'une part celles-ci sont beaucoup moins nombreuses que les Maghrébins de France, d'autre part le pourcentage relativement élevé de sang 0 en Angleterre peut constituer un facteur de tolérance et d'adaptation des populations d'accueil. Tandis que la France, avec une majorité relative de sang A, dont nous connaissons l'incompatibilité physiologique avec le sang B, retrouve celle-ci au niveau culturel, à ce problème s'ajoutant celui des AB issus des mariages entre A et B.

On peut conclure qu'il y a cumul de facteurs innés et acquis contribuant à la difficulté d'assimilation, le penchant du type B au repli sur soi et au monolithisme politico-religieux accentuant le problème.

Il est pourtant certain qu'il est plus facile à des immigrés européens de s'insérer au sein d'autres populations européennes, que les raisons en soient ethniques, culturelles, ou d'appartenance à un groupe sanguin compatible.

Dans nos sociétés, le sang conserve un statut mystérieux, voire redouté ; il surgit aux moments critiques de la vie des hommes (naissance, maladie, accident, décès) et de leur histoire (guerre, catastrophe naturelle) ; l'image de l'immolation dans les sacrifices païens reste enfouie au fond de notre mémoire. Aussi concevoir le sang comme un objet d'analyse signifie également l'extraire d'un contexte dramatique. Comme nous l'avons montré, la nature intrinsèque de chaque homme émane en partie de la nature même de son groupe sanguin. Afin de maintenir une harmonie entre les exigences de l'environnement extérieur et son équilibre intérieur, l'homme ne se doit-il pas de redécouvrir qu'il est fait aussi de chair et de sang ?

b) Les relations Est-Ouest

La démocratie s'est développée dès le XVIIIème siècle dans les pays du Nord et du Nord-Ouest de l'Europe, en Grande-Bretagne en particulier, ainsi que dans leur principale colonie, les Etats-Unis d'Amérique. Il s'agissait surtout de régions d'Europe à formules psychobiologiques voisines :

- valeurs sensiblement équivalentes des 0 et des A (égales ou supérieures à 40 %) ;
- faible pourcentage de B (pas plus de 12 %) ;
- taux très réduit de AB (4 % maximum).

Pendant ce temps, la Russie demeurait terre d'arbitraire. Il fallut attendre le début du XXème siècle pour que des réformes soient appliquées qui devaient, à marche forcée, faire évoluer le pays vers la démocratie et la prospérité. Le coup de force des Bolchéviques entraîna la révolution d'octobre 1917 et les malheurs que l'on sait.

Les temps ont changé. Les projets d'asservissement mondial de l'Union soviétique, ardemment souhaité par le complexe militaro-industriel, ont échoué. Par ailleurs, les hommes politiques soviétiques se sont rendus compte de la vanité de l'occupation militaire pour l'exploitation d'un pays industrialisé. La richesse d'un pays résidant dans la volonté de ses hommes, ce qu'ils n'ont pu acquérir par la force, en Tchécoslovaquie par exemple, les Russes espèrent bien l'obtenir en utilisant à leur profit, par des demandes d'aide très importantes, les qualités des nations à forte proportion de sang A : sens des responsabilités, tendance à la culpabilisation. Ces nations (sauf le Japon) sont justement les nations occidentales composant le *Groupe des Sept,* l'union des sept pays les plus industrialisés du monde.

Le cas du Japon, où la proportion de sang B est très importante, est particulier. Ce pays a totalement assimilé la culture politique, commerciale et industrielle des six autres nations et les a même dépassées dans plusieurs secteurs économiques.

En réalité, l'examen des diagrammes p. 117 montre que pour l'instant le fossé psychobiologique, et également psychologique puisque ces deux facteurs sont liés, est encore profond entre Américains et Russes. Les deux peuples sont cependant destinés à s'entendre un jour et à se rapprocher psychologiquement. Les formules psychobiologiques ne changeront bien entendu que beaucoup plus lentement grâce au brassage des populations entraîné par les nouvelles données éco-politiques.

Une étude sur l'évolution et la répartition des religions catholique et protestante en Europe de l'Ouest et en Amérique parallèlement à la géographie des groupes sanguins se révèlerait peut-être instructive. Y aurait-il corrélation entre la prépondérance de tel groupe sanguin dans certains pays et la naissance ou la propagation de tel courant chrétien ? Les statistiques dont nous disposons sont trop récentes pour qu'il soit possible d'étayer solidement cette hypothèse. La valeur symbolique du sang du Christ primera encore, heureusement, sur son appartenance à tel ou tel groupe sanguin !

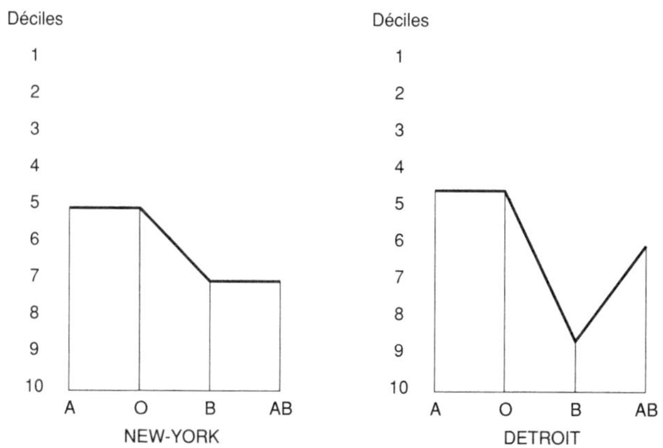

ETATS-UNIS (population blanche)

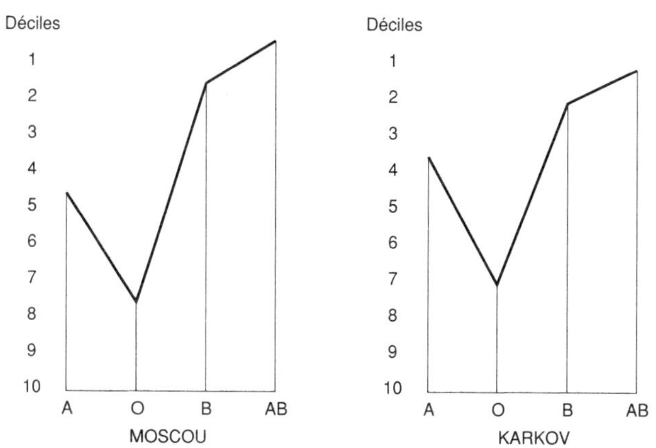

ex-UNION SOVIETIQUE

CONCLUSION

Il est ridicule, si l'on aspire à connaître les autres choses, de ne pas se connaître soi-même. Telle était la sentence d'Olympiodore lorsqu'il commentait l'*Alcibiade* de Platon.

Sa propre image fascine l'humanité. A l'imitation de Narcisse, elle cherche dans le reflet du miroir une improbable solution à ses angoisses existentielles, une réponse à l'obsédante question *qui suis-je ?*

La psychobiologie forge les clés de la connaissance de soi-même et d'autrui pour qui veut s'en saisir. Elle est fondée sur la corrélation entre tempéraments et groupes sanguins. Des études statistiques réalisées dans le monde entier constituent le matériau essentiel de cette discipline à vocation scientifique. Entre 1940 et 1966, Léone Bourdel fut le précurseur de la psychobiologie en France. L'ampleur et la rigueur de ses travaux ne permettaient plus désormais de contester l'intérêt de cet art, dans toute l'acception humaniste de ce terme.

Du sang, cette force vitale qui prête vie à l'homme, découle le profil de son tempérament. Alors que la médecine moderne balbutiait, nos pères avaient déjà discerné cette ressource unique. La Rochefoucauld n'écrivait-il pas : *Toutes les passions ne sont pas autre chose que les divers degrés de la chaleur et de la froideur du sang ?* Les fluctuations comportementales et les relations entretenues par un homme avec le monde, que la psychobiologie s'applique à élucider, s'apparentent étonnamment aux passions évoquées par cette maxime.

Connaissance implicite de l'être humain et de son comportement social, la psychobiologie intéresse tous les stades de la vie : des premiers pas de l'enfant jusqu'à la vieillesse de l'homme. Elle nourrit la réflexion de chacun sur son destin et peut, en cela, influencer les choix exigés par la vie avec plus de justesse. Le fait de choisir une orientation scolaire et professionnelle adaptée à la personnalité favorise tout à la fois l'insertion de l'individu dans la société et l'équilibre de cette dernière.

La connaissance de la corrélation entre tempéraments et groupes sanguins peut aider à la compatibilité de deux personnalités. Elle intervient alors en des occasions aussi variées que l'union de deux êtres ou la constitution de groupes de travail efficaces. La psychobiologie a également un rôle important à jouer dans les remous de l'existence. Une compréhension claire de son comportement permet à l'homme d'affronter les difficultés aux moments critiques de la vie : période de l'adolescence, lassitude dans le couple ou crise du milieu du chemin de vie.

La psychobiologie anticipe l'apparition des maladies physiques ou psychiques et permet parfois de les prévenir. Le rôle social de cette discipline s'avère alors prépondérant.

La corrélation tempéraments-groupes sanguins éclaire aussi le passage à l'acte individuel (criminalité) aussi bien que collectif (terrorisme international, guerre, etc). Ceux que la presse surnomma *ennemis publics numéro un* appartenaient pour 90 % d'entre eux au groupe sanguin B qui ne représente par ailleurs que 9 % de la population française (cf. annexe). Dans un domaine aussi sensible que la criminalité, la psychobiologie peut contribuer à la solution de certains problèmes et assurer ainsi un rôle de prévention sociale.

Pour conserver la clarté didactique de cet essai, nous avons énuméré en les dissociant les uns des autres chacun des groupes sanguins. Cependant, les lois de la rhétorique ne s'accordent pas aux exigences de la réalité. Cette présentation élude la nécessaire complémentarité des groupes sanguins, tant chez l'homme qu'au sein d'une société. En chacun de nous vibre une corde dominante (Harmonique, Mélodique ou Rythmique) mais qui ne serait qu'un cri sans les modulations des deux autres composantes.

Tout comme cette complémentarité est indispensable à la structuration de la personnalité, la coexistence des trois

composantes au sein d'une société se révèle essentielle à l'équilibre de cette dernière. La diversité des tempéraments, induisant la variété des fonctions, assure l'homogénéité du groupe social.

Dans le chapitre intitulé *géopolitique et groupes sanguins* nous avons évoqué les crises traversées par les sociétés lorsqu'un tempérament dominant étouffe le groupe. Du déséquilibre naît l'hétérogénéité ; le renouvellement de la population, de plus en plus difficile, génère à terme l'extinction de la civilisation qu'elle a apportée.

Pour certains, particulièrement au Japon, la psychobiologie permettrait à elle seule une connaissance parfaite de l'être humain. Cette démarche nous paraît insuffisante et dangereuse. Elle réduit en effet la personnalité de l'homme à une seule de ses composantes innées. La réalité est beaucoup plus complexe : nous avons été façonnés non seulement par nos qualités héréditaires (sexe, race, groupe sanguin, aptitudes psychologiques et physiologiques) mais également par notre environnement (éducation, famille, société), sans oublier les délicates et constantes interférences entre l'inné et l'acquis.

L'approche de l'être humain, pour être satisfaisante sur tous les plans, ne peut être que globale. Elle doit s'appuyer, outre la psychobiologie, sur d'autres techniques comme la graphologie ou la morphopsychologie, pour permettre de fructueuses comparaisons entre les différentes estimations.

En réalité, comme tout élan vers autrui, cette approche ne peut être qu'un acte d'amour, en parfait accord avec l'enseignement de la Bible.

ANNEXE
DÉLINQUANCE ET PSYCHOBIOLOGIE

* Les grandes tendances délictueuses des quatre groupes sanguins

Chez l'Harmonique (A), les délits découlent généralement de la difficulté d'adaptation sociale de ce type sanguin. Ce problème peut se manifester par un certain manque de sens du réel accompagné d'une subjectivité excessive. Les actes délictueux sont alors :

- des crimes passionnels (rares) ;
- des manifestations de vengeance ;
- des dégradations de biens non profitables mais considérées comme actes de "justice" ;
- des actes de rébellion contre des oppresseurs souvent imaginaires ;
- des incendies volontaires ;
- des lettres anonymes destinées à "rendre justice" ;
- des fugues (souvent présentes chez les adolescents pour affirmer leur autonomie).

Les sujets Harmoniques sont généralement des délinquants plus en imagination qu'en actes, en partie par crainte de l'autorité mais également à cause de leur propension à la culpabilité. Ces sujets étant par contre d'un caractère souvent passionné, ils sont capables de se livrer, sous l'emprise de la passion, à des actions complètement déraisonnables. Dans les associations de malfaiteurs, un Harmonique serait facilement l'inspirateur du groupe.

Le Mélodique (0) représente le tempérament le mieux adapté à la vie en société. Il peut (lorsque les tabous éducatifs ne sont pas suffisamment puissants) devenir délinquant sur le mode de l'excès d'aisance sociale, d'une adaptabilité déviée. Il commettra alors :

- des usurpations de titres et fonctions ;
- des abus de confiance ;
- des mensonges et tromperies diverses ;
- des escroqueries en tous genres ;
- des vols de tous ordres.

En outre, dans le milieu délinquant, le Mélodique semble plus récidiviste que les autres types sanguins.

Le Rythmique (B) pèche fréquemment par son incompréhension d'autrui. De plus il est assez égocentrique et plutôt violent. Il est capable, **sous certaines conditions seulement,** de passages à l'acte meurtrier, mais également d'autres actions criminelles comme des agressions contre les biens d'autrui ou des incendies volontaires.

Le Complexe (AB) peut, lui aussi, perpétrer des actes violents avec coups et blessures. Etant de loin le plus avide de tous les types sanguins, il peut, comme le 0 auquel il ressemble parfois à cause de son excès d'adaptabilité, commettre d'autres actes de délinquance. Il s'agira d'escroqueries, de vols avec recel, d'abus de confiance.

* L'homicide volontaire

La plupart des sociétés humaines ou animales, passées ou présentes, s'appuient sur deux principes fondamentaux : la sauvegarde de l'espèce et la protection de l'individu. Ces deux impératifs constituent la base de toute morale sociale. Toutes les communautés qui s'en sont éloignées ont périclité et ont fini par disparaître ou changer de système. Ce fut par exemple le cas de Sodome et Gomorrhe, Babylone, Byzance, Rome, et près de nous du troisième Reich et du monde communiste.

La sauvegarde de l'espèce passe forcément par la morale sexuelle sans laquelle la famille n'existe pas. Toute société étant basée sur la cellule familiale, comme tout organisme est composé de cellules animales ou végétales, que l'homosexualité se développe et que se banalise l'acte d'amour, et la société, alors, crée moins d'enfants, dégénère, s'affaiblit et finit par être détruite, tout comme l'organisme qui ne fabrique plus de cellules par épuisement ou arrêt du programme génétique.

En deux siècles l'homme occidental est passé du monde traditionnel et familial de la terre à celui, beaucoup plus agressif et pour certains destructurant, du travail et d'un mode de vie collectifs bien que, paradoxalement, hyper-individualistes. Les nouvelles règles du jeu ont dû s'affirmer avec force.

C'est évidemment sur la protection de l'individu que repose la sauvegarde de l'espèce. L'homicide représente la plus grave transgression des interdits que la société a érigés en garde-fou. Il nécessite le passage à l'acte ou *actuation,* bien connu des psychiatres qui le réservent *de façon exclusive à des actes impulsifs, violents, agressifs, délictueux (meurtres, suicides, attentats sexuels, etc.), le sujet passant d'une représentation, d'une tendance, à l'acte proprement dit.*

Différents facteurs, nécessairement associés, déterminent l'acte criminel :

- l'agressivité ;
- l'égocentrisme ;
- la labilité (instabilité) ;
- l'indifférence affective.

Le contexte social où vit l'individu favorise parfois l'une ou toutes les composantes de ce modèle. Sa personnalité compose avec ses actes et son milieu une totalité fonctionnelle. La démarche criminelle consiste, alors, à combler un "manque à être" par un "plus à avoir".

Voici le résultat d'études de cas menées de 1977 à 1981 au centre pénitentiaire de Fleury-Mérogis ; elles avaient pour objet une population d'adultes condamnés dans le cadre d'une procédure criminelle et qualifiés de détenus particulièrement signalés (DPS). La plupart d'entre eux ont été internés dans des quartiers de haute sécurité et sont considérés comme des cas extrêmes de la population carcérale en région parisienne.

A l'époque de leurs crimes, la presse les avait qualifiés d'*ennemis publics n° 1.*

Pour la plupart ces hommes, et surtout les plus violents, appartiennent au groupe sanguin B. Qu'on ne se méprenne pas, il ne s'agit pas pour nous d'établir une corrélation directe entre le tempérament criminel et le groupe B. Ces études nous ont seulement amenés à réfléchir sur la relative importance du pourcentage de sang B chez les criminels, compte tenu également de la proportion minoritaire de B parmi l'ensemble de la population française. Lorsque l'environnement est défavorable, c'est-à-dire en cas de pathologie mentale ou sociale, alors et alors seulement, ces individus passent à l'acte ; en outre, les quatres composantes précitées doivent être cumulées.

Nous présentons maintenant sept portraits d'individus (tous de sang B) qui ont défrayé la chronique :

1. B.D. est français, divorcé et père d'un enfant. Il a commis de nombreux hold-up pour lesquels il a déjà été condamné à quinze ans de prison. Il avait perpétré quatre meurtres au cours d'attaques à main armée. Après avoir été condamné à la réclusion à perpétuité, il s'est évadé de façon spectaculaire. Au cours de sa cavale, il a abattu deux policiers avant d'être repris.

2. D.A. est d'origine tunisienne et marié. Il exerçait la profession de monteur en bâtiment qualifié. Il a commis un hold-up au cours duquel il a tué, de sang-froid, deux policiers.

3. B.M. est algérien et restaurateur de profession. Il a été condamné pour escroquerie, hold-up, trafic de drogue et meurtres.

4. J.M, français, était architecte. Il est l'auteur de nombreux hold-up au cours desquels il n'a pas hésité à prendre

des otages pour protéger sa fuite. Il a lui-même défini sa démarche criminelle comme un "choix idéologique", mais émanant d'un "processus incontrôlable".

5. L.M. est français, divorcé et père de trois enfants. Chauffeur de taxi, il s'est rendu coupable de violences, d'un hold-up et de meurtres. En outre, il est complice d'un enlèvement avec demande de rançon.

6. B.G, de nationalité française, est marié et père d'un enfant. Carrossier de son état, il s'est compromis dans un trafic de drogue et a organisé un enlèvement avec demande de rançon. Il est également connu pour ses activités de tueur à gages.

7. H.J. est français, marié et père de deux enfants. Il a exercé le métier de carreleur. Il a été condamné pour participation à un enlèvement avec demande de rançon.

Il est à noter que tous les détenus considérés ont eu la possibilité de suivre une scolarité plus ou moins longue, ayant donné des résultats très divers.

Nous n'avons pu relever de réelle corrélation entre la gravité de l'acte et le degré d'instruction et de connaissances. Cependant il faut noter que tous ces sujets suivaient à l'intérieur de la prison une scolarité adaptée à leur niveau et à leurs objectifs.

Le système pédagogique mis en place pour y parvenir était forcément tributaire de certaines contraintes liées à l'impact du lieu dans lequel on enseigne et aux problèmes tant psychologiques que culturels des détenus.

Ici, la progression est vérifiée par de fréquents bilans qui montrent que les objectifs n'ont pas été atteints totalement et que d'autres éléments non initialement prévus sont intervenus. Les causes de ces écarts relèvent essentiellement de facteurs psychologiques (absence d'une formation de base normale par acquisition de connaissances et développement conjoint des structures en réseaux).

Certains de ces détenus possédaient une intelligence, donc une faculté d'adaptation, relativement limitée ; il faut noter la particulière gravité des faits qui leur furent reprochés.

Sans vouloir faire ici le procès de la prison, force est de constater que tous ces détenus sont de grands récidivistes. La prison est vraisemblablement un facteur déterminant de cette récidive. En témoigne le taux de récidive en France qui est énorme : 77 % environ, dans les deux années qui suivent l'élargissement (statistique établie au moment de l'enquête).

Ces quelques éléments de réflexion nous permettent de vérifier qu'à des constantes originelles démontrées scientifiquement, telle l'appartenance à un groupe sanguin, s'ajoutent des éléments sociaux et psychologiques contribuant à construire la personnalité du criminel.

L'enquête dont nous avons tiré les éléments de travail a été réalisée à la demande et sous le contrôle technique de l'Institut de Criminologie de Paris, dans un secteur du Centre Pénitentiaire de Fleury-Mérogis, conjointement avec les enseignants, les éducateurs, le service médical, la direction et les gradés du secteur concerné. Il s'agissait essentiellement d'apporter notre contribution en repérant ensemble quelques éléments constitutifs de la personnalité de ces détenus. Quelques praticiens extérieurs ont été sollicités, à l'époque, par les réalisateurs de l'enquête pour leur intérêt porté à ces questions, ce qui fut le cas de l'auteur.

TABLE DES MATIÈRES

Un hors-texte de 12 pages inséré au centre de l'ouvrage, illustre l'expression artistique et graphologique des quatre tempéraments psychobiologiques, avec pour chacun deux tableaux et une page d'exemples d'écriture.

Maquette et réalisation N.P.I.

Imprimé en Italie

BIBLIOGRAPHIE

• Jordan : *Character as seen in body and parentage,* Londres 1896, 3ème édition.

• C.G. Jung : *Types psychologiques,* Librairie de l'Université Georg et Cie SA, Genève 1968, 3ème édition.

• Jan Aird, H.H. Bentall : *A relationship between cancer and stomach, and the ABO blood groups,* British Medecine Journal, vol. 1, p. 799-801, 1953.

• Léone Bourdel :
- *Sangs et Tempéraments,* éditions Fayard, Paris, 1962 ;
- *Groupes sanguins et Tempéraments,* éditions Maloine, Paris, 1960 ;
- *Les tempéraments psychobiologiques,* éditions Maloine, Paris, 1961.

• J.Ch. Gille-Maisani : *Types de Jung et tempéraments psychobiologiques,*éditions Maloine, Paris, 1978.

• Jean Bernard : *Le Sang des Hommes,* Buchet-Chastel, Paris, 1981.

• André Passebecq : *Groupes sanguins, caractères, évolution, orientation, pathologie, union, etc...,* "Vie et Action" N° 44 bis.

• Bernard Montain : *Groupes sanguins, éléments de psychobiologie,* Faculté de Médecine Paris-Nord.

• J. Laplanche & J.B. Pontalis : *Vocabulaire de la psychanalyse,* P.U.F, Paris 1971.

• Sigmund Freud :
- *Essais de psychanalyse,* Petite Bibliothèque Payot, Paris 1972 ;
- *Cinq leçons sur la psychanalyse,* Petite Bibliothèqye Payot, Paris 1973.

• Claude Lévi-Strauss : *Tristes tropiques,* Librairie Plon, Paris 1955.

• R. Sacchi, G. Reali, G. Rossi : *Il servizio transfusionale,* éd. Patron, Bologna 1975.

Zum Buch

Schon als Kind hatte Teilhard «das unwiderstehliche Verlangen nach irgendeinem einzig Genügenden». Mit 6 Jahren war er daher so fasziniert vom Eisen, daß er es geradezu anbetete, weil es für ihn das Dauerhafteste war. Später führten ihn die Geologie und Paläontologie zu den unermeßlichen kosmischen Realitäten. Überall fand er Materie, Energie und Leben vor und entdeckte in neuer Weise die Evolution des Kosmos. Ihm wurde klar: «Materie und Geist: gar nicht zwei Dinge, sondern zwei Zustände, zwei Gesichter ein und desselben kosmischen Stoffes.» So kam er immer mehr zu der Überzeugung, daß «der Geist das Herz der Materie» sei.

Der Mensch, oder genauer das Menschliche, bildete den Grundpfeiler seines inneren Universums. Er erfaßte, daß die Menschheit als «Noosphäre» sich immer mehr verdichtet und (auch erblich) vervollkommnet. Doch sah er auch, daß «der Mensch sich erst noch in einem embryonalen Zustand befindet». Aber er fand noch eine andere Dimension: den Universalen Christus. «Das Herz des universalisierten Christus fällt zusammen mit dem Herzen der amorisierten [liebesfähig gewordenen] Materie.» Daher gilt als Ziel der Evolution: «Die Liebe tendiert stufenweise dahin, die Hauptsache zu werden und zuletzt die einzige und höchste Form.»

Das Werk schließt mit dem Kapitel «Das Weibliche oder das Einigende». Teilhard berichtet, daß, als er «viele der alten familiären und religiösen Formen ablegte und zu sich selbst erwachte», sich in ihm «nichts mehr entfaltete, es sei denn unter dem Blick und dem Einfluß einer Frau». «Es scheint mir undiskutabel, daß es für den Mann – selbst wenn er sich noch so sehr dem Dienst einer Sache oder eines Gottes geweiht hat – keinen anderen Zugang zur geistigen Reife und Fülle gibt als durch einen gewissen ‹gefühlsmäßigen› Einfluß, der … die Kräfte des Liebens weckt. Nicht *mehr* als auf Licht, Sauerstoff oder Vitamine kann der Mann – kein Mann – auf das Weibliche verzichten.»

Zum Autor

Pierre Teilhard de Chardin, 1881 in Sarcenat (Frankreich) geboren, 1899 Eintritt in den Jesuitenorden, Studium der Theologie und Paläontologie, 1920 Promotion, dann Expeditionen in China, später in Amerika und Afrika. Vom Orden erhielt er Publikationsverbot, 1955 starb er in New York. 1962 entschied das Päpstliche Lehramt, seine Schriften enthielten schwere Irrtümer und verstießen gegen die Lehre der Katholischen Kirche. Heute dagegen werden seine Erkenntnisse von den neuesten Naturwissenschaften Schritt für Schritt bestätigt.

Teilhard de Chardin
Das Herz der Materie